O poder da **oração** *sincera*

Pe. João Marcos Polak

O poder da **oração** *sincera*

Conheça a força transformadora da fé a exemplo de Jabes

Direção geral: Fábio Gonçalves Vieira

Capa: i9 Designer / Claudio Titto

Preparação, diagramação e revisão: AnnaBella Editorial / Thuâny Simões

Este livro segue as regras da Nova Ortografia da Língua Portuguesa.

Editora Canção Nova

Rua João Paulo II, s/n – Alto da Bela Vista

12 630-000 Cachoeira Paulista – SP

Tel.: [55] (12) 3186-2600

E-mail: editora@cancaonova.com

loja.cancaonova.com

Twitter: @editoracn

ISBN: 978-85-5339-070-0

Sumário

Agradecimentos

É MUITO DESAFIADOR ESCREVER UM agradecimento, pois corremos o risco de nos esquecermos principalmente daqueles que fazem parte da nossa história. Mesmo assim, creio ser necessário apontar algumas pessoas que me ajudaram muito na minha caminhada e para que eu escrevesse este livro.

Agradeço à Trindade Santa, pois sem Deus minha vida seria um caos. Obrigado, Senhor, por me inspirar nesta obra e por toda a unção derramada sobre mim.

Obrigado, mãe, a senhora sempre me inspirou e ensinou com seu ser orante. Obrigado por sempre rezar por mim e ser testemunha que somente no Senhor conseguiremos vencer. Quantas lutas, mas também quantas vitórias que já conseguimos pela força da oração.

Aos meus irmãos só posso dizer gratidão. Vocês sempre me ajudaram com suas orações e sua alegria em ser de Deus. Obrigado. Sei que, mesmo estando longe, tenho um lugar no coração de cada um.

Obrigado, família Polak e Sudol, seria injusto citar nomes, pois são muitos, mas agradeço imensamente a todos que me incentivam e oram por mim. Amo vocês. Cada olhar, aperto de mão, sorrisos, junto com palavras animadoras, são meios de dizer: "Vá em frente. Estamos com você".

À missão de São José dos Campos quero manifestar meu agradecimento. Cada um que vem à nossa casa reza conosco e foi motivação para que esta obra se concretizasse. Obrigado pelo carinho e pela oração. Sei que juntos podemos fazer muito mais.

Ao grande inspirador e motivador para que eu começasse a escrever, Mons. Jonas Abib. O senhor é culpado por tudo isso. Lembro-me do dia em que o senhor disse que não era para engavetarmos o dom que Deus nos deu. A partir daquele dia, dei continuidade ao meu primeiro livro: "Recomece, Deus acredita em você!". E agora surge este novo livro. Obrigado, Pai Fundador, pelo exemplo, pela alegria e pelo entusiasmo para salvar almas para Deus.

Obrigado, Luzia e Eto, Márcio Mendes, meus irmãos padres e toda a comunidade Canção Nova. Obrigado, Editora Canção Nova e todos os que trabalham para que mais e mais conteúdos cristãos cheguem aos irmãos.

Quero também manifestar minha gratidão por tantos amigos que encontrei no decorrer da caminhada. Pessoas que sempre estiveram ao meu lado, principalmente quando mais

precisei. Seria injusto citar alguns, pois graças a Deus são muitos. Obrigado pela presença, oração e pelo apoio.

Agradeço ao meu irmão e amigo Ironi Spuldaro. Grande homem de Deus. Obrigado por aceitar fazer o prefácio deste livro. Gratidão por sua doação para que muitas pessoas sejam tocadas por Cristo.

Saibam que cada um, com seu jeito de ser de Deus, sempre me inspiraram e incentivaram. Quantas vezes vi um irmão quase dormindo em cima da Palavra, mas estava ali lutando para fazer seu estudo Bíblico, pois não queria dormir sem a Palavra, sem a graça de Deus. Irmãos que vão à adoração mesmo depois de um dia cansativo de trabalho, buscando o descanso no Deus da vida. Quanta doação e desejo de santidade. Quanta luta para corresponder ao amor e à misericórdia de Deus. Obrigado pelo testemunho, que propaga que vale a pena ser de Deus e só Nele e com Ele nossa vida tem sentido.

Prefácio

A oração é o encontro da sede de Deus e
da sede do homem.
(Santo Agostinho)

A ORAÇÃO É A JUNÇÃO de dois sedentos: Deus, que tem sede pela nossa salvação; e nós, que temos sede pela graça e bênção de Deus. Quando essas duas sedes se juntam, não tem outro resultado, senão o milagre de Deus em nós.

Moisés orou e o povo foi salvo. Davi orou e o Golias tombou. Elias orou e a chuva veio. Jabes orou e a sua história de vida mudou. De alguém que trazia uma maldição até no seu nome, tornou-se uma referência de bênção no antigo testamento. Jabes nos mostra que a oração que toca o coração de Deus é aquela oração simples, mas feita com o coração e com a vida. Jabes foi atendido porque Deus viu que sua oração era sincera.

E neste livro veremos o poder da oração sincera, pois ele vai ajudá-lo a ser um homem e uma mulher de oração. Mergulhe na graça como Jabes mergulhou.

Eu conheço o padre João Marcos desde o início do seu chamado. Eu estava presente no dia que Deus o chamou e sou testemunha da sua vida de oração. Eu sei o quanto Deus o tem usado pela libertação de muitos homens e mulheres, e este livro vai ajudá-lo a encontrar a graça que você há muito tempo procura. Vai ensinar-lhe o caminho do milagre e vai torná-lo uma pessoa mais íntima de Deus pela oração.

As orações que estão neste livro têm muito da experiência que o padre João Marcos tem diariamente com Deus. Eu recomendo não só você a orar com este livro, mas indicar e dar de presente àqueles que precisam desta graça. Com isso você vai tornar-se não só uma pessoa de oração, mas um canal da graça de Deus na vida de todos que necessitam.

Ironi Spuldaro
Missão Há Poder de Deus

Introdução

A oração é a oportunidade que temos para criar comunhão com Aquele que nos criou e quer intimidade conosco, pois Dele nascemos, movemo-nos e para Ele retornaremos.

Assim como Jabes, somos chamados a invocar a Deus. E nessa experiência não temos nada a perder, pelo contrário, as vantagens serão tantas que você vai querer sempre mais, um passo de cada vez. Será uma aventura fantástica.

A Palavra de Deus relata, muitas vezes, orações de homens e mulheres tementes a Ele; cada uma tem um significado e um motivo peculiar. No livro de I Crônicas 4,9-10, está registrada a oração de um homem chamado Jabes, da tribo de Judá. Chama-nos a atenção porque dentre tantos nomes e a narrativa das genealogias, surge uma oração. Jabes invocou a Deus e Ele atendeu ao seu pedido.

Jabes invocou o Deus de Israel, dizendo: "Tomara que me dês a bênção, que aumentes meu território, que tua proteção me acompanhe, que afastes de mim o mal, de maneira que não tenha de sofrer". E Deus atendeu-lhe o pedido (CNBB).

O que essa oração tem de diferente de outras orações? Por que eu inicio logo com esse versículo e não com tantos outros relacionados à oração nas Sagradas Escrituras? O motivo é simples, porque Jabes diz da minha realidade e da sua. Jabes, podemos dizer, é como "um" de nós. Mas o que o fez diferente ao ponto de ser citado no meio de tantos nomes? Foi sua atitude. Jabes quis ser diferente na sua busca por Deus, orou com o coração e com a vida. Deus atendeu ao seu clamor porque percebeu que do seu interior fluía uma verdade e uma busca tão sincera que não tinha como não atender ao seu pedido.

A oração é a oportunidade que Deus nos dá para nos relacionarmos com Ele, e quem faz essa experiência não fica sem resposta, pois criamos comunhão e intimidade com Aquele que nos criou, amou e acredita em nós, mesmo em meio às nossas infidelidades.

Queira ser ousado e mergulhar um pouco mais, pois Deus o espera. Mesmo que você já seja uma pessoa de oração, Deus quer conduzi-lo para um mergulho na graça, um caminho de crescimento espiritual. Queira dar o passo e deixá-Lo transformar sua vida de uma forma que você nunca experimentou. Tem mais da bênção e da unção esperando por você! "Se vós me abençoardes, alargando meus limites, se vossa mão estiver comigo para me preservar da desgraça e me poupar da aflição". E Deus atendeu ao seu pedido.

O poder da oração sincera quer levá-lo a uma experiência única de relacionamento com Deus. Jabes O invocou e sua vida não foi mais a mesma. Você é convidado a fazer a mesma experiência e ser surpreendido por Deus.

A história de Jabes

Alguns exegetas dizem que o texto da oração de Jabes pode ter sido acrescentado, porém prefiro ficar com o sentido do texto como um todo, pois aprendi com um professor de Sagrada Escritura que devemos olhar o contexto e os dados históricos, mas também o que o autor sagrado está querendo dizer com essa mensagem. Qual o sentido desse versículo ou deste livro na minha vida? Como posso aplicá-lo na minha vida? O que essa Palavra diz para mim e o que eu posso fazer a partir da experiência com ela?

A Palavra precisa ser atualizada no hoje da nossa existência e, portanto, não podemos parar somente na questão histórica. Existe uma unção derramada nos textos sagrados, porque, se tivermos o coração aberto, todas as vezes que meditarmos um capítulo ou versículo das Sagradas

Escrituras, Deus falará poderosamente conosco, porque não estamos meditando ou lendo um livro qualquer, mas, sim, o melhor e mais importante livro da história da humanidade: a Palavra de Deus.

Por mais que tentem tirar o Cristianismo das escolas, de nossos jovens e crianças, sabemos que uma família direcionada por Deus é diferente, pois é uma família onde existem princípios, paz, amor e fraternidade. Portanto, o sentido é Cristo e Sua Palavra. Deixar-se moldar por Ele é o segredo. Por Cristo, com Cristo e em Cristo.

Jabes não tinha o Cristo, pois o verbo ainda não tinha se encarnado. Porém ele usou as armas que tinha no momento e fez aquilo que provavelmente tinha aprendido de seus pais e irmãos religiosos da época. Mas sua oração tem algo a mais, tem um clamor suplicante. Ele sabia que Javé era um Deus poderoso. Tantos relatos ele deve ter ouvido sobre Deus e provavelmente já tinha feito várias orações. Mas nesse dia foi diferente, pois Ele tomou uma atitude e não ficou parado. Seus limites não foram motivos para desanimar, pelo contrário, ele soube recorrer Àquele que poderia tirá-lo da prostração, vergonha e sentimento de menos-valia. "Sua mãe lhe deu o nome de Jabes, dizendo: É porque o dei à luz com dor". Portanto, seu nome trazia um peso, alguém que nasceu causando sofrimento para sua mãe. Provavelmente isso fosse uma ferida que ele trazia desde o nascimento.

Quantos, hoje, sentem-se assim e têm a impressão de que estão sempre incomodando, que nada do que fazem está bom, que sua vida é um fracasso. Trazem um sentimento de indignação ou falta de amor-próprio. Não são livres para seguir a voz do Ressuscitado. Podem estar com muita gente e em lugares maravilhosos, mas nada tem sentido ou valor, pois precisam de uma transformação espiritual.

Qual atitude devemos tomar? Como reagir, se trazemos algum sentimento mal resolvido dentro de nós? A mesma de Jabes: ele invocou o Deus de Israel. Podemos e devemos contar com outros auxílios, como psicólogos e, talvez, até medicamentos, mas nada substitui uma verdadeira oração feita do fundo da alma, pois essa transforma principalmente o pedinte, porque se coloca como dependente de um Deus que um dia o escolheu, chamou, elegeu, selou e o espera na glória da Jerusalém celeste.

Orar a Deus como nosso irmão Jabes tem esse sentido de interioridade, mas também de uma certeza que não sou eu quem conduz minha vida, mas o Senhor todo poderoso. Tudo o que vivi e vou viver só pode ser compreendido à luz de Deus. Com Ele é possível, mas sem Deus nada é possível.

Uma simples oração que mudou tudo. Jabes orou de uma forma simples, talvez porque não tivesse o que fazer. Como ele não tinha outros auxílios, como os que temos atualmente, recorreu a um Ser Superior como uma forma de socorro e clamor por suas necessidades. Aqui talvez esteja nosso erro.

Temos tantos meios na atualidade que esquecemos que tudo foi criado por Deus. Que os médicos são uma bênção assim como os remédios (cf. Eclo 38), mas o melhor é e sempre será o MÉDICO dos médicos. Depositamos tanta confiança nas coisas e nos profissionais que deixamos de lado a graça de Deus. Nossa vida se torna mecânica assim como nosso relacionamento com Ele.

Lógico que não buscamos a Deus somente se precisamos de uma cura ou algo que nos falta. Porque, quando entendemos que Ele é o sentido de tudo o que somos e fazemos, nossa vida se torna uma entrega total e diária na total dependência do Senhor. Porém, não é errado pedir a cura, pois Ele curou a muitos no Evangelho. Não é errado pedir a prosperidade, pois rezamos na oração após a bênção do Santíssimo Sacramento: "dai ao povo brasileiro paz constante e prosperidade completa". Também podemos pedir por alguém ou por alguma necessidade, mas o mais importante é um coração contrito e humilhado na presença do Senhor. Jabes inicia a sua oração pedindo a bênção, depois vêm outros pedidos.

Creio que precisamos ser maduros para saber usufruir das coisas boas que Deus criou, porém, não tenho dúvidas de que um homem que ora é diferente, pois consegue superar as dificuldades com mais entusiasmo e firmeza, não parando nos traumas ou usando-os como desculpas para seus erros. Do seu

olhar flui uma luz diferente, e a própria pessoa transmite algo que não é dele, mas Daquele com o qual ele se comunica.

A humanidade sempre viveu e vive esse paradoxo de confiar em si mesmo ou em Deus. Ela sabe que pode contar com a ajuda de Alguém, mas nem sempre pede, ou faz de conta que Ele está morto.

A ignorância do "faz de conta" é um dos motivos que nos impede de ser de Deus. Fazemos de conta que somos católicos, que amamos a Deus e aos irmãos. Fazemos de conta que buscamos a santidade, mas vivemos tropeçando o tempo todo e dando desculpa que a misericórdia de Deus é imensa e infinita. Fazemos de conta que somos batizados, crismados, que recebemos em cada Santa Missa Jesus Cristo vivo, corpo, sangue, alma, divindade, na hóstia Santa. Se vivêssemos tudo o que rezamos e depositássemos uma inabalável confiança, tudo seria diferente. Pois cada missa, cada prece é uma oportunidade de mergulhar mais no amor e na misericórdia de Deus, que nos espera de braços abertos.

Quando falamos do mundo secular, das responsabilidades e da pontualidade, devemos ser fiéis, senão poderemos ser punidos. Porém, no que diz respeito à fé, podemos fazer de qualquer jeito, podemos chegar atrasados, rezar ou orar, correndo como se não tivéssemos meia hora para dar para Deus; afinal, somos muito ocupados e não temos tempo. Deus, Igreja, Palavra, oração são coisas de gente antiga, dos meus antepassados, pois

hoje é diferente. Queremos negociar com o Criador, e quando as coisas não saem do meu jeito, vem a revolta; afinal, o dono sou eu, quem está no comando somos nós. Eu faço, eu resolvo, eu posso, eu consigo, eu realizo. Pobre alma, pois quem pensa assim está trilhando um caminho de infelicidade e frustrações que levará à condenação eterna.

Não somos nós que barganhamos com Deus. Não sou eu que digo a Ele o que deve ou não ser feito. Não temos esse poder de dizer: agora faz isso por mim, agora realiza esse milagre. Nós não temos direito de dar ordens a Deus, porque assim estaríamos invertendo os papéis. Seríamos os Senhores, e Deus o nosso súdito. O máximo que podemos é pedir, bater e clamar como dependentes, com a confiança que já recebemos, porque pedimos ao Pai de amor e misericórdia.

Jabes nos mostra que a oração que toca o coração de Deus é aquela que flui da alma. Nada de formalismo quando o desespero chegar, nada de modéstia, medo ou vergonha. Sei que devo me lançar, então não perderei tempo.

Precisamos aprender a recorrer constantemente a Deus e nunca desistir de lutar. Mas lutar com armas poderosas, armas espirituais, pois não combatemos contra seres carnais, e sim espirituais.

Sua vida será diferente a partir de agora. Comece a tratar Deus como Deus, coloque-se como simples servo e O busque com insistência e humildade, como fez Jabes. O que precisamos

fazer é ter a coragem de uma entrega mais profunda e mais ousada. E com certeza Ele não nos decepcionará.

Seu nome

Quase todos os nomes hebraicos tinham algum significado. Jabes significa tristeza, aquele que foi gerado na dor e no sofrimento. Era o mais ilustre dos seus irmãos, porém trazia uma marca negativa, mas posso lhe garantir que ele, como vários homens mencionados na Sagrada Escritura, tem um exemplo para nos deixar de fé e confiança em Deus.

No meio de um livro genealógico, encontramos esse homem que, provavelmente, tinha um futuro não muito promissor, pois, na sua época, um homem era respeitado e honrado pelo significado que o seu nome trazia, e o nome de Jabes trazia uma marca negativa e tinha como significado "aquele que causa dor, que foi gerado na dor". Talvez sua mãe deu-lhe esse nome devido a um parto muito difícil, mas não imaginava as consequências que isso traria na vida de seu filho. Porém, apesar de todo o sofrimento, Jabes **tomou uma atitude que mudou a sua história, ele orou: "Se vós me abençoardes, alargando meus limites (...)" (1Cr 4,10).**

Por que ele orou assim? Porque teve atitude. Entre saber da sua história e aceitar para viver dando desculpas e tomar uma decisão, existe um caminho, uma atitude. Ele não quis

se prostrar diante da situação, mas orou porque confiava e necessitava de um reerguimento espiritual, pois, para vivermos de forma diferente e de cabeça erguida, só depende de nós.

Ninguém poderá tomar decisões no nosso lugar. Assim como Jabes, somos chamados a retomar a nossa vida, reescrever uma nova história e seguir em frente com os olhos fixos no Senhor da glória. Só existe um caminho: o caminho que Jabes escolheu e que somos chamamos a escolher. Devemos orar com fé e ousadia, depositar nossa confiança Nele, não parar nos problemas, nas críticas, humilhações, depressões e tudo o que você possa imaginar. Deus é nosso sustento, nossa razão de viver, nosso único sentido, pois somos criados à imagem e semelhança Dele, somos chamados a viver na intimidade, no relacionamento pessoal e conhecê-Lo profundamente para sermos seus amigos (cf. Gn 3,8).

De nada adianta ficar dando desculpas por aquilo que vivemos, pois sempre teremos motivos para neutralizar, regredir e desanimar. Isso tudo é o normal, diz de nossa humanidade, porém fomos chamados a ser diferentes e fazer a diferença, pois o Cristo que habita em nós nos chama para viver conforme a graça de Deus. E um homem de Deus não para nas dificuldades, mas segue firme com uma confiança inabalável no Senhor.

Jabes fez uma oração que mudou a sua vida, uma oração transformadora. Não tenho dúvidas de que o que mais precisamos é nos despir diante de Deus, pois Ele se manifesta

como amigo, companheiro e é misericordioso. Porém, muitos entendem que Ele está distante, dando ordens para a humanidade, como um poderoso coronel. Com essa mentalidade, perdemos a oportunidade de receber as bênçãos e também viver uma vida realizada e feliz.

Aqueles que não possuem Deus em sua vida, mesmo tendo dinheiro, amigos, não serão felizes por inteiro, pois vivem buscando nas coisas preencher o vazio que só Deus pode preencher. Existe nessas pessoas um vazio muito grande, porque ainda não tiveram verdadeiramente um encontro com Aquele que realmente traz a paz e a alegria verdadeira. Deus não é uma pessoa distante. Se naquela época Jabes orou daquela forma, hoje também nós podemos, pois fomos redimidos na cruz de Cristo.

Existem, também, aqueles que vivem na igreja, rezam todo dia e fazem muitas coisas para Deus, porém em sua vida não reflete a oração. Essas pessoas não crescem e não mudam, continuando sempre azedas, chatas, sem vida e sem caridade. Quantos que vivem na Igreja, mas Cristo ainda não habitou no seu coração. Quantos que até leem a Palavra, rezam o rosário, mas não manifestam transformação espiritual.

Lembro-me de uma pessoa que acordava às três da manhã para rezar o rosário e o fazia em voz alta, no mesmo do quarto em que o marido, que acordava às cinco da manhã para trabalhar, estava dormindo. Esse casal vivia brigando, pois o marido

tinha raiva dos padres e da Igreja, pois achava que era o padre que pedia para ela rezar assim, em voz alta, de madrugada.

Quando tive a oportunidade de conversar com eles, pude esclarecer que ela podia, sim, rezar e era um gesto muito bonito, mas que fosse num lugar à parte e que não atrapalhasse o seu esposo. Nossa oração não pode ser contra nosso testemunho. Então aquele senhor começou a gostar das coisas de Deus e a conversar comigo.

Amado irmão, como você tem orado a Deus? Essa oração tem transformado o seu coração? Muitas vezes, vamos a Deus pedir coisas e nos esquecemos de pedir um coração contrito e humilde, um coração onde possa habitar a ação poderosa do Espírito Santo. Faça a experiência de parar um pouco e fazer uma pequena oração. Não tenho dúvidas de que ela será transformadora em sua vida.

Fez a experiência? Se não fez, não continue a ler, porque a intenção aqui não é o conteúdo, pois já temos muito. A intenção desta obra é levá-lo a uma experiência com Alguém que está sempre presente em nossa vida, que nunca nos abandona e sempre nos chama à comunhão com Ele.

Se não fosse Deus na nossa vida, já teríamos desistido, pois, mesmo em meio às nossas infidelidades, Ele age diferente e continua insistindo conosco. Creio que Ele vai atrás de nós até o último minuto de nossa vida. O problema é que O deixamos esperando demais. Com certeza essa é a hora de uma

retomada para criar um relacionamento profundo com Aquele que nos criou, abençoou e infundiu Seu Espírito para nos dar consciência da Sua presença na nossa vida.

Para nós cristãos é um privilégio saber que Cristo abriu as comportas do Céu e que aquilo que Jabes não conseguiu nós podemos, porque nosso relacionamento com Deus mudou. Agora nosso relacionamento é de filho para Pai, de alguém que foi muito bem querido e cuidado por Deus, ao ponto de Jesus vir a morar no meio de nós.

Viver o tempo da bênção é um desafio, pois corremos o risco de viver cercados de mel e perceber só as abelhas, que nos põem um pouco de medo de se aproximar dos favos para degustá-lo. Quantas vezes o medo nos afasta de Deus, tira-nos dos grupos e nos torna pessoas amargas. Não tenha medo de se lançar no tempo da bênção.

Às vezes estamos próximos à piscina e molhando somente os pés. Sendo que somos chamados a nos lançar e nos encharcar da presença de Deus. Muitos até se jogam, mas dentro de um saco plástico, estão na piscina, mas só o externo reflete Deus, pois ainda não houve uma mudança interior profunda que verdadeiramente transforme sua vida.

Viver no tempo da bênção é viver na era do Espírito Santo. Não tem outro segredo: ou tomamos consciência de que o tempo em que estamos é um tempo maravilhoso para experimentar o toque da graça, ou viveremos batendo a cabeça

e tentado algo para nos realizarmos e sermos felizes até o nosso último suspiro.

Assumir é o segredo. A partir de hoje nossa vida com Deus será diferente. Dirigir-nos-emos ao Pai como alguém necessitado, que quer um entrelaçamento de vivência, uma vida com Ele. Só com Ele. O resto é resto, não preenche. Deus, sim, é o sentido da nossa vida para sempre. Uma vida mergulhada no Deus Uno e Trino nos ajudará a entender que sozinho não conseguimos superar, mas com Ele é possível vencer, sofrer, chorar, sorrir, sem deixar de viver. Pois o cristão vive a vida de Cristo, uma vida que tem sentido, mesmo quando aos olhos do mundo parece uma derrota. "Eu vim para que todos tenham vida, e a tenham em abundância".

Por que a meditação desse texto bíblico?

Essa Palavra mudou a minha vida. Nunca quis escrever por escrever, pois temos muitos livros e literaturas de conteúdo muito bom e profundo, mas senti a necessidade de partilhar minha experiência com você, que está lendo este livro agora. Provavelmente Deus tem algo a lhe falar de maneira pessoal ou para ajudar alguém que precisa.

Na vida, passamos por muitas realidades positivas, que nos levam ao crescimento e à integridade conosco mesmo e com o Criador, mas também vivemos realidades traumáticas, como uma traição, uma perda de alguém, uma frustração, por não corresponder a algum pedido ou por decepcionar alguém, seja ele próximo ou distante. Essas são realidades que nos machucam e nos levam a refletir sobre a vida, entrega e missão. Aí corremos o risco de acrescentarmos vários porquês: por que essa realidade, por que comigo, por que tenho sofrido, por que minha vida não tem sentido, por que só sofro etc. Quem nunca passou por isso, quem nunca perguntou para Deus algo que não compreendeu, principalmente na dificuldade.

Porém, de tudo o que nos acontece, seja a vontade de Deus ou a vontade humana, podemos, como cristãos, tirar um proveito e retomar com muito mais afinco.

Se você fizer uma leitura da sua vida aos olhos de Deus, mesmo que seja como Jó, sua vida será diferente. Você se trans-

formará em um grande ser humano, bem melhor, e Deus restituirá tudo e muito mais, não tenho dúvida disso.

Quanto mais sofro, mais amo a Deus, mais leio a Palavra, mais amo a Igreja, mais oro, busco e me jogo nos braços do Senhor. Não tem como dar errado. Quanto mais eu rezo, mais próximo de Deus permaneço. Orar é estar em contato com a divindade, é buscar intimidade e relacionamento com o sobrenatural. Portanto, é na oração que ficamos protegidos e recebemos de Deus uma espécie de colete para nos proteger dos ataques adversários.

A Palavra de Deus tem poder de nos ressuscitar. Foi isso que experimentei durante esse período da minha vida. Passei por algumas situações que me levaram a um início de depressão e pude perceber como os irmãos que sofrem dessa doença são guerreiros. Posso afirmar, com propriedade, que a dor física pode ser tratada e, muitas vezes, curada, mas a dor da alma é outra realidade que foge de nossas mãos. Aos poucos vamos perdendo o sentido das coisas, da missão, do viver, do existir. Como é difícil ter ânimo, disposição e corresponder. Mesmo que tentemos explicar, as pessoas não vão entender, porque dói não poder fazer o que fazia com muita facilidade, até tomar um banho se torna uma missão. Mesmo que você pense: amanhã será diferente, vou acordar cedo, me animar, colocar a vida no trilho, quando você acorda, o corpo não corresponde.

Poderia me alongar mais nesse assunto, mas não é esse o objetivo do livro, mas, sim, relatar que foi nesse período, onde eu passava por essas realidades, que toquei num Deus que responde ao clamor dos Seus filhos. Orei a Deus como Jabes, sem deixar de rezar as orações da Igreja, de celebrar a Eucaristia e adorar a Jesus. Poderia citar também Jeremias (cf. Jr 33,3), São Tiago (cf. Tg 5,16), a oração de súplica de Ana (cf. 1Sm 1,10s) e tantos outros. Porém foi com esse versículo (1Cr 4,10) que Deus me levantou.

Escrevi esse versículo e coloquei na mesa para me lembrar dele todos os dias. Mesmo que em alguns dias eu possa ter me esquecido, fui percebendo que Deus foi me levantando dia após dia. Um passo de cada vez, uma gota a cada dia, uma comemoração pelos pequenos avanços e, assim, Ele foi me restaurando. Ainda estou em processo de retomada, pois pude mergulhar um pouco mais e perceber que Deus nunca nos abandona, que ouve a oração de um pobre que sofre, assim como ouviu o clamor de Ana, Moisés, Josué, Pedro, Paulo e tantos homens e mulheres. Jabes gritou por socorro e Deus ouviu sua prece. Assim também Deus ouviu minha prece, minhas angústias e meu clamor.

Nunca deixe de orar, mesmo não vendo sinais, seja fiel, e Deus não o abandonará. Lute para retomar, busque, como eu, a ajuda de profissionais, mas saiba que você tem o Médico dos médicos, o Todo Poderoso, Aquele que um dia deu Seu

sangue por você e continua se entregando em cada Eucaristia para que nossa caminhada tenha um sentido.

Creia que o ressuscitamento pode chegar hoje. Tem uma chuva de bênçãos esperando por você que é só sua e de mais ninguém. Mas depende de como estamos buscando e como estamos abertos para recebê-la.

Jabes invocou o Deus de Israel

QUALQUER PESSOA PODE INVOCAR a Deus, mas invocar a Deus quando você necessita, é diferente, pois surge do mais profundo do ser, porque existem momentos da nossa vida que só temos uma saída: recorrer ao Deus todo poderoso, Àquele que nos criou, amou e nos dignificou no Seu Filho Jesus. Poderíamos dizer como os discípulos de Jesus: "a quem iremos, Senhor, só tu tens palavras de vida eterna".

Jabes invocou o Deus de Israel porque era a experiência que Ele tinha. Ele fez uma prece ao Deus da vida, ao Deus que governa o universo, que criou as estrelas, os planetas, criou a mim e a você. A quem invocar, senão Aquele que um dia disse: faça-se a luz, e a luz se fez; faça-se o firmamento, as nuvens, as águas, e tudo se fez conforme a Sua vontade.

Invocar a Deus é ter a consciência, como Jabes, de que minha vida não me pertence, mas está entregue a um ser maior: Deus.

Assim como Jabes, somos chamados a invocar a Deus. Podemos fazer isso de várias formas, pois o verbo se fez carne e habitou no meio de nós. Temos muitos motivos para rezar, orar, clamar, invocar e louvar o nome do Senhor. Eu sei que você vai dizer: mas eu já rezo, eu já oro. Mas será que reza? Será que sua oração tem tocado o coração de Deus? Ou você é daqueles que reza porque todo mundo reza? Lê a Palavra porque é uma obrigação? Vai à missa porque é preceito de domingo?

A oração sincera é uma oração que parte do mais profundo do nosso ser. É uma oração que clama por ajuda do alto porque tem consciência de que sozinho não consegue. É o grito de socorro da alma que tem necessidade de um mergulho mais profundo no autor da vida.

Será que não está na hora de começar a orar de verdade? De se ajoelhar e invocar a Deus diante da realidade na qual você vive hoje? Perdemos muito tempo falando das coisas ou murmurando, e ficamos pouco tempo com Aquele que pode ajudar a solucionar nossos problemas.

Jabes não perdeu tempo. Não quis ficar parado nos seus traumas ou problemas mal resolvidos. Ele teve atitude e se posicionou diante da situação. Por muitas vezes ele deve ter pensado: "meu nome pode significar dores e sofrimentos, mas eu não aceito isso para minha vida. Vou fazer diferente do res-

tante, que só murmura, mesmo quando Deus manda o maná para alimentá-los". Jabes deve ter se levantado, olhado para o Céu e feito essa prece.

A principal preocupação de Jabes era ser abençoado, protegido e agraciado pelo Deus todo poderoso e misericordioso. Mas de onde veio essa certeza e essa fé? Provavelmente daquilo que tinha ouvido e experimentado dos seus pais e das pessoas mais próximas.

É importante que os pais eduquem seus filhos na fé, pois esse papel e essa responsabilidade devem ser dos seus responsáveis.

Porém, o que fez esse homem invocar a Deus e fazer diferente dos seus? Creio que a consciência de que tinha um Deus, mas principalmente a certeza de invocar a Deus não com timidez e medo, mas com fé. Nosso Deus é um Deus que se deixa alcançar.

O Senhor nos abençoou com toda a bênção espiritual no Céu, em Cristo Jesus. Portanto, não foi pouca bênção, mas toda. Quantas vezes achamos que Deus não nos ama ou algo parecido. Porém, devemos ter a consciência de que fomos abençoados e que só precisamos acolher e ter a certeza de que não somos um ser qualquer, mas filhos amados do Pai mais querido.

Somos abençoados. Você é uma bênção, mesmo que não aceite ou acredite. Não depende de você, mas de Deus, que

enviou Seu próprio filho para que fôssemos, de uma vez por todas, marcados, selados e abençoados.

Jabes depositou toda a sua confiança no Senhor. Olhando para ele, podemos também nos lançar um pouco mais, pois nossa fé ainda é muito superficial, sem vida, sem ousadia e sem dedicação.

Temos fracassado e arrefecido na fé porque paramos de orar. Estamos muito superficiais em nosso relacionamento com Deus. Aquele que nos criou e salvou não é mais a nossa prioridade. Andamos muito preocupados com situações e coisas e esquecemos que tudo tem sentido se for realizado para a glória de Deus.

Precisamos nascer de novo para Cristo, mas isso só será possível se nós fizermos a nossa parte. Nada acontecerá se não tomarmos uma decisão e postura novas. Depois que descobrirmos o Amor de Deus, o homem interior deve dominar o exterior. Mas essa postura vem da pessoa, porque Deus quer, mas nem sempre queremos. Portanto, sua vida depende muito de você. Quer ser abençoado como Jabes, quer ser feliz e viver uma vida digna? Busque a Deus, invoque a presença Dele e deixe-O conduzi-lo.

O homem interior, que nasceu de novo e que recebeu o poder do Espírito Santo, pode e deve dominar o homem exterior. Não são somente palavras jogadas ao vento, mas é uma realidade espiritual. Não devemos nos conformar com o

que o mundo nos oferece, mas buscar sempre a transformação, pois estamos num contínuo avançar no autoconhecimento e na conversão pessoal. É no andar da carroça que as abóboras se ajeitam, é no caminho que seremos curados e teremos uma maior unidade com a bênção de Deus.

Jabes não pediu curas, prosperidade ou por alguém que estivesse precisando. A bênção era algo muito caro para ele, pois, uma vez abençoado por Deus, o resto é acréscimo. Estando na bênção, o mal não tem poder e a caminhada ganha um sentido novo. Pedir a bênção diz de uma necessidade de que não conseguimos andar sozinhos e de que tudo tem um sentido se estivermos na bênção de Deus.

Que aumente o meu território

Não sabemos se Jabes pede um território espiritual ou material. Talvez quisesse ter uma grande extensão de terra para guerrear contra os inimigos. Porém, como sua oração diz de alguém que está com um coração voltado para Deus, podemos orar como ele, dizendo: "Senhor, sou pequeno, ninguém me conhece e ainda não toquei poderosamente na Tua graça. Aumenta o meu território, age conforme a Tua santa vontade, e que nada amarre o que tens reservado para mim, aumenta meu território espiritual. Preciso mais de Ti, da Tua presença, da Tua graça. Se for da Tua vontade, alarga as fronteiras da

evangelização. Se queres me levar para o mundo em missão, se for para Jesus ficar conhecido, que seja na Tua santa vontade. Aumenta o meu território. Vem, Senhor Jesus!".

Que Tua proteção me acompanhe

Clamar a proteção de Deus dentro do seu contexto era algo comum para as pessoas da época de Jabes, pois existiam muitas batalhas e guerras a serem conquistadas. Aqueles que criam sempre pediam a bênção, a proteção e que a mão de Deus estivesse sempre com eles.

Nós também estamos em uma batalha espiritual. O inimigo está o tempo todo tentando nos derrotar e nos lançar para baixo. Não podemos ser "espiritualísticos" ou ver a realidade somente no contexto espiritual. Deus nos criou com liberdade e razão, assim, podemos escolher, decidir e buscar construir uma vida que tenha sentido. Porém, deixar de lado a realidade espiritual é um grande erro, pois o demônio é uma realidade, o anjo de luz que se tornou anjo das trevas. Ele tentou o próprio Cristo no deserto, ao ponto de oferecer todos os meios para que o Senhor voltasse atrás da Sua missão de salvar a humanidade.

No Cristo e com a graça Dele conquistada na cruz, somos chamados a dar uma resposta diferente e pedir sempre a proteção de Deus. Nunca devemos sair de casa ou comer algo sem pedir a bênção de Deus, pois a realidade espiritual

que nos envolve é maior do que imaginamos. Precisamos, a exemplo do Salmo 90 ou 91: "Sois meu refúgio e proteção, minha força e meu amparo", invocar a Deus e acreditar no que pedimos. Muitos pedem a bênção e a proteção de Deus para seu trabalho, casa, família, mas não entregam a situação para Ele e vivem com medo ou reféns da desconfiança. Jabes pediu a proteção de Deus porque sabia que era o único meio para vencer a batalha, para sair da prostração.

Peça essa graça, e a mão de Deus estará com você para vencer todas as guerras. Nada poderá me abalar porque sei em quem coloquei minha confiança.

Que afastes de mim o mal

Jabes sabia que não enfrentaria somente valentes soldados do exército inimigo, mas também forças sobrenaturais para tentar destruir os homens de Deus.

O importante a ressaltar é que, mesmo em meio às batalhas, Jabes, pelo que parece, não se desesperou, mas colocou sua confiança no Senhor.

Nossa luta não é contra pessoas, mas batalhamos contra o mal, as obras das trevas (cf. Ef 6,10s). Ter essa consciência é o primeiro passo para não arrefecer na caminhada de fé. Imagine que você está em uma disputa num campo de futebol, de um lado o time de Jesus, com os anjos, Santos e a Virgem Maria.

Todos nós estamos nesse campo. Não tem como fugir, pois uma vez marcado no batismo, recebemos a bênção de Deus, a marca da promessa. Do outro lado, está o maligno, com os anjos das trevas. Ele tenta nos amedrontar o tempo todo, como é orgulhoso, tenta mostrar que ele é o vencedor, que o mundo não tem jeito. Porém, esse jogo já foi vencido e a vitória é certa, mas muitos que estão nesse campo não sabem que é só continuar firmes, sem dar voz ao mal, que sairemos vitoriosos. Assim como num jogo, as pessoas caem, machucam-se e se entristecem. Não é diferente na vida cristã. Sabemos que o que preenche é Deus.

Sabe por que não é fácil? Porque todo atleta precisa ser preparado e treinar bastante para não perder o jogo. Somente os melhores e mais bem preparados vencerão a partida. Somente cristãos autênticos e fiéis ao Senhor receberão a coroa da vitória.

Existe uma medalha preparada para você. Quando lá chegar, receberá o prêmio da batalha, receberá a recompensa pela dor, pelo choro, pela tribulação, humilhação e pelo sofrimento. Tudo será recompensado. E o melhor é que essa medalha não se corrompe, não se perde e não acaba, pois ela já foi conquistada na cruz de Jesus e está pronta no Céu para nós, agora depende se queremos lutar para conquistá-la.

Valerá muito a pena. Aguente firme e não volte atrás. Se caiu, levante e retome. Não deixe sua medalha esperando por você. Lute por ela todos os dias.

O homem de Deus não pode perder a visão sobrenatural. Pois dia e noite lidamos com questões que envolvem a graça de Deus, mas também o ódio do inimigo pelas vitórias que vamos conseguindo vencer.

O diabo não quer sacerdotes, celibatários, jovens, famílias santas. Isso é coisa da idade média, agora vivemos num novo tempo, em que temos a questão da liberdade humana, o direito de sermos felizes etc.

Quando nos deixamos levar por essas vozes, estamos dando margem e crédito às obras malignas. Estamos sendo aplaudidos, mas não no céu.

Que o Senhor afaste de nós toda mentalidade mundana, que é obra das trevas e que nos impede de avançar na batalha, de guerrear e conquistar mais almas para Deus.

De maneira que não tenha de sofrer

Sabemos que nossa caminhada está marcada na cruz de Cristo e que a vida do cristão é uma batalha todos os dias. Mas é importante ressaltar que Jabes não era cristão e que a mentalidade da época era outra. Ele provavelmente tinha sofrido muito e pedia a Deus um alívio, uma proteção e, se possível, que não sofresse mais.

Ninguém quer sofrer ou busca o sofrimento, principalmente se já passou por muitas lutas e sofrimentos na vida.

Pedir a Deus que Ele nos preserve de todo mal e também da doença e do sofrimento não é errado. Senão corremos o risco de fazer como tantos, que usam como desculpa que seguir a Cristo é um peso, uma cruz, uma dificuldade tremenda. Com certeza essas mentalidades são diabólicas para formar um povo morno, frio, sem audácia e vivência cristã. Um povo que não se compromete com o que recebeu da Igreja ou com o que reza, que vai à missa, ao grupo de oração ou tem algumas atividades na Igreja, mas vive carrancudo, triste e sem vida.

Senhor, eu não quero sofrer, não aceitei o Teu chamado para viver reclamando ou me arrastando. Já passei por muitas tribulações após o encontro pessoal com Jesus, mas nada tira o sentido e a realização de ser de Deus.

O cristão, mesmo na dor, não perde o ânimo e a fé. Mesmo que apareça algo para atrapalhar, ele sabe em quem colocou a confiança.

Jabes não era cristão e, mesmo assim, viveu uma vida de comunhão com Deus. Você tem muito mais do que Jabes, tem Cristo, a Igreja, a Palavra e muitos exemplos de homens e mulheres que deram a vida por Jesus.

Não temos motivos para desanimar e regredir, pelo contrário, devemos avançar sempre e contar com a proteção de Deus.

E Deus atendeu-lhe o pedido

Como é gratificante fazer um pedido e ser atendido. Jabes fez essa experiência. Mas poderíamos nos perguntar: por que nem sempre recebemos a resposta do Senhor? Por que, às vezes, parece que Deus está tão distante ou no silêncio que nos leva até a duvidar da Sua bondade e misericórdia?

É preciso pedir com fé, mas uma fé inabalável. Precisamos nos apresentar ao Senhor como aquele filho que vai ao pai ou à mãe e insiste até conseguir o que quer.

Se observarmos a oração de Jabes, notaremos que ele não começa pedindo algo, mas, sim, a bênção de Deus, a proteção. Depois pede que Ele o livre do mal e alargue seus territórios. Isso serve para nossa reflexão. Como tenho buscado o Senhor? Como tenho clamado a Ele? Só para ter coisas e bens materias ou para ser abençoado e uma pessoa melhor? Pode ter certeza, se formos de Deus e O buscarmos com todo o nosso coração, a nossa alma e o nosso espírito, nossa vida será diferente.

Devemos nos preocupar com a bênção de Deus a exemplo de Jabes, pois Ele atendeu ao seu clamor porque viu sinceridade na sua oração. Deus jamais deixará de olhar um filho que se humilha na Sua presença. Jamais deixará sem reposta uma prece feita com a vida, com aquilo que está no seu coração. Deus sempre ouve uma oração sincera que brota da alma.

Faça a experiência, mas não reze ou ore somente por obrigação. Busque o Senhor, como se fosse a primeira vez com Ele, não se acostume com a graça, pois para cada dia ou momento Deus tem uma unção reservada para você.

Não parou nos seus limites

Jabes, eu poderia dizer, era uma pessoa que nasceu para sofrer, que nada dava certo na sua vida, era um azarado, como muitos falam por aí. É a síndrome da pessoa vitimada, que só reclama e coloca defeito em tudo. Nunca está bem e quando vê uma pessoa fazendo sucesso diz que é sorte, que foi um privilegiado na vida. Não leva em conta o esforço, a dedicação, as noites sem dormir e os cansaços por um objetivo. Para o pessimista, nada dá certo e tudo está perdido. Para o homem de fé, sempre há esperança, e por isso caminha sem perder a fé e o ânimo, sem se abater, pois sabe que pode contar com a bênção de Deus.

Jabes não quis ficar parado em si, na sua história e nas suas dores. Ao sair de si, de olhar para baixo, lançou o olhar para o alto. Pois todas as vezes que paramos de olhar para nossos problemas e limitações, temos a oportunidade de levantar a cabeça e alçar novos voos. Levantar a cabeça não somente por uma vontade humana, como dizem por aí: eu quero, eu posso, eu consigo, eu serei o melhor etc. Não é assim que o homem de

Deus age. Jabes pediu a bênção de Deus e fez outros pedidos. O homem de fé avança sim, consegue sim, será grande sim, mas somente se se apequenar na presença de Deus. É reconhecendo seu limite e sua pequenez que tudo irá mudar, pois sua busca não é somente por algo humano, mas conta sempre com o poder do Deus todo poderoso e misericordioso. Nele e com Ele, eu posso, eu consigo e eu quero mergulhar em águas mais profundas, e assim sair da lama, do medo e da prostração na qual, talvez, eu me encontre.

Ele exerceu sua fé e confiança no Deus de Israel. Não quis ficar remoendo o passado. Tomou uma atitude e recorreu ao Deus de Israel. Fez uma oração do fundo do seu coração, pois é a oração sincera que toca o coração de Deus. A oração que brota da alma, do mais profundo do seu ser.

Por que não recebemos mais?

PORQUE MUITAS VEZES NOS cansamos de pedir. Agimos como filhos rebeldes que ficam emburrados diante de um não dos pais ou diante de uma correção. Como filhos, temos que pedir sempre, sem jamais desanimar, pois quem sabe que tem um Pai que o ama não vive como filho bastardo ou rebelde, mas reconhece sua pequenez diante da grandeza de Deus.

O papa Francisco diz: "Todos experimentamos momentos de cansaço e desânimo, principalmente quando nossa oração parece ineficaz". Mas Jesus nos garante: "Diferente do juiz desonesto, Deus ouve prontamente seus filhos, mesmo que isso não signifique que o faça nos tempos e da maneira que nós queremos. A oração não é uma varinha mágica!".

A parábola evangélica de Lc 18,1-8 contém um ensinamento importante: "a necessidade de rezar sempre, sem jamais se cansar" (v. 1). Portanto, não se trata apenas de rezar algumas vezes, quando sentimos vontade. Não, Jesus diz que é preciso "rezar sempre, sem jamais se cansar". E apresenta o exemplo da viúva e do juiz.

O juiz é um personagem poderoso, chamado a emitir sentenças baseadas na Lei de Moisés. Por isso a tradição bíblica recomendava que os juízes fossem pessoas tementes a Deus, dignas de fé, imparciais e incorruptíveis (cf. Ex 18,21). Ao contrário, este juiz "não temia a Deus, nem respeitava homem algum" (v. 2). Era um juiz iníquo, sem escrúpulos, que não observava a Lei, mas fazia o que queria, segundo seu interesse.

A ele se dirige uma viúva para ter justiça. As viúvas, junto com os órfãos e os estrangeiros, eram as categorias mais frágeis da sociedade. Os direitos assegurados a eles pela Lei podiam ser pisados com facilidade, porque, sendo pessoas sozinhas e sem defesa, dificilmente recebiam apoio: uma viúva, ali, sozinha, não era defendida por ninguém, podiam ignorá-la, não eram justos com ela. Assim era também o órfão, o estrangeiro, o migrante.

Diante da indiferença do juiz, a viúva recorre à sua única arma: continuar insistentemente a importuná-lo, apresentando-lhe seu pedido de justiça. E justamente com esta perseverança alcança o objetivo. O juiz, de fato, em um certo ponto, escuta-a, não porque é movido por misericórdia, nem porque

a consciência o impõe. Ele simplesmente admite: "Mas esta viúva já está me importunando. Vou fazer-lhe justiça, para que ela não venha, por fim, a me agredir!" (v. 5).

Dessa parábola Jesus tira duas conclusões: se a viúva conseguiu dobrar o juiz desonesto com seus pedidos insistentes, quanto mais Deus, que é Pai bom e justo, "não fará justiça aos seus escolhidos, que dia e noite gritam por ele?". E, além disso, não "vai fazê-los esperar", mas agirá "bem depressa" (vv. 7-8).

Por isso, Jesus exorta a rezar "sem jamais se cansar". Todos nós experimentamos momentos de cansaço e desânimo, principalmente quando nossa oração parece ineficaz. Mas Jesus nos garante: diferente do juiz desonesto, Deus ouve prontamente Seus filhos, mesmo que isso não signifique que o faça nos tempos e da maneira que nós queremos. A oração não é uma varinha mágica! Ela ajuda a conservar a fé em Deus e a confiar Nele, mesmo quando não compreendemos a Sua vontade. Nesse sentido, o próprio Jesus – que rezava muito – é um exemplo para nós.

A Carta aos Hebreus recorda que "Ele, nos dias de sua vida terrestre, dirigiu preces e súplicas, com forte clamor e lágrimas, àquele que tinha poder de salvá-lo da morte. E foi atendido, por causa de sua piedosa submissão" (5,7). À primeira vista, esta afirmação parece improvável, porque Jesus morreu na cruz. A Carta aos Hebreus não erra: Deus verdadeiramente salvou Jesus da morte, dando-Lhe sobre ela a completa vitó-

ria, mas o caminho percorrido para obtê-la passou através da própria morte!

A referência à súplica que Deus ouviu diz respeito à oração de Jesus no Getsêmani. Tomado por uma angústia profunda, Jesus reza ao Pai para que o liberte do cálice amargo da paixão, mas a Sua oração é permeada pela confiança no Pai e se confia sem reservas à Sua vontade: "Porém – diz Jesus – não seja feito como eu quero, mas como tu queres" (Mt 26,39). O objeto da oração passa em segundo plano; o que importa, antes de tudo, é a relação com o Pai. É isso que a oração faz: transforma o desejo e o modela segundo a vontade de Deus, qualquer que seja, porque quem reza aspira, antes de tudo, à união com Deus, que é Amor misericordioso.

A parábola termina com uma pergunta: "Mas o Filho do Homem, quando vier, será que vai encontrar fé sobre a terra?" (v. 8). E com essa pergunta todos nos colocamos em vigilância: não devemos desistir da oração, mesmo que ela não seja correspondida. É a oração que conserva a fé, sem ela a fé vacila! Peçamos ao Senhor uma fé que se faz oração incessante, perseverante, como aquela da viúva da parábola. Uma fé que se nutre do desejo da Sua vinda. E na oração experimentamos a compaixão de Deus, que, como um Pai, vem ao encontro de Seus filhos pleno de amor misericordioso.

História de João que chegou ao Céu

Conta a história que um tal de João vivia sempre reclamando daquilo que ainda não tinha conseguido. Até fez alguns pedidos para Deus, mas como não foi atendido – logo de imediato –, desistiu e não pediu mais, acostumando-se a viver uma vida comum. Era um homem bom, ia à Igreja, rezava, vivia bem com a família, enfim, uma pessoa comum.

Ao morrer, esse homem foi conduzido pelos anjos de Deus ao Céu. Quando lá chegou, ficou admirado com tamanha beleza e paz que sentia naquele lugar maravilhoso. Como era muito curioso, começou a andar e contemplar as coisas belas ali presentes. Até que por um instante se deparou com uns corredores que davam para um espaço com várias prateleiras. O anjo do Senhor foi conduzindo-o para onde tinham várias caixas, de todos os tamanhos e beleza, até que chegou a uma específica e disse: "Essa caixa é sua". João, meio preocupado e desconfiado, quis saber o que tinha na caixa antes de abri-la. E o anjo respondeu: "Representa todos os pedidos que deixou de fazer durante sua vida na terra, todas as graças que deixou de pedir a Deus, todas as bênçãos que poderia receber, mas você parou, não teve persistência, desanimou nos primeiros 'nãos', nas primeiras dificuldades. Você está aqui porque viveu conforme o Evangelho, mas se tivesse pedido e se aberto às respostas do Senhor, tudo seria diferente, muito mais pessoas seriam atingidas e conheceriam o Amor de Deus e a transformação espiritual. Você também tocaria no sobrenatural de Deus e sua vida sairia da mesmice, do fazer por fazer. Seria um homem mais ungido, e a consequência eram pessoas mais convertidas e transformadas espiritualmente".

E você, tem pedido a Deus? Tem buscado Nele forças para continuar sua caminhada? Ele tem muito mais para lhe dar. Ainda não tocamos na verdadeira transformação espiritual, não experimentamos tudo o que Jesus conseguiu para nós na cruz. Ele tem muito mais para você!

Se você quer ser diferente, se sua casa precisa ser diferente, seu trabalho abençoado, precisa pedir todos os dias: "Abençoa-me, Senhor. Dai-me a unção reservada para hoje, mas toda a unção e bênção às quais tenho direito".

Temos direito às bênçãos de Deus

A PALAVRA DE DEUS, EM Ef 1,3, garante-nos que fomos abençoados com toda a bênção espiritual nos céus, em Cristo Jesus nosso Senhor. Em Cristo, graças à Sua morte e ressurreição e por meio dos sacramentos, recebemos toda a bênção e fomos mergulhados na presença poderosa de Deus. O problema é que o inimigo trabalha para nos derrotar e para tirar a bênção dos filhos de Deus. Por isso precisamos estar atentos, pois quando vierem os sentimentos de fracasso, tristeza, vontade de desistir ou aquele sentimento de que não presto ou não sirvo para nada, precisamos renunciar logo, pois esses sentimentos e pensamentos não vêm de Deus.

Ele nos criou para a bênção e para abençoar. Não tenho dúvida em dizer a você, meu irmão: você é um abençoado, você recebeu a marca de Deus, o Espírito Santo. Cristo vive em você. Por isso é possível viver na bênção. Mesmo que tenhamos algumas contrariedades, elas servirão para que aprendamos que não é por nossa força ou nossa vontade, mas pela bênção do Senhor.

Hoje é dia de assumir essa verdade de fé. Retomar seu valor, seus dons e suas qualidades, que talvez estejam enterrados. Deus é abundante e quer nos dar muito mais do que imaginamos.

Jabes agiu diferente. Tomou uma atitude, recorreu ao Deus de Israel e pediu, primeiro, a Sua bênção. Como é importante pedir a bênção de Deus. Como é bonito o filho que pede a bênção aos pais. Até hoje, mesmo sendo padre, eu peço a bênção para minha mãe, e ela me pede a bênção. Mas primeiro é necessário ter a consciência de que Deus nos abençoa, que temos valor, que nossa vida valeu a entrega do Cristo na cruz. Depois devemos saber que pela graça dos sacramentos somos chamados a levar essa bênção aos irmãos.

O problema é que pedimos pouco, desejamos pouco, vivemos nos arrastando na vida espiritual. Essa simples oração mudou a vida desse jovem e tem mudado a minha vida, alargado minhas fronteiras e meus territórios, e quer mudar sua vida e levá-lo para lugares que você nem imagina.

Deus escuta a sua oração. Mas você tem orado? Você tem buscado aquele que pode transformar sua caminhada? A oração que brota da alma toca o coração de Deus.

O que você recebeu foi muito mais que imaginamos. Creio que, mesmo pedindo e desejando mais de Deus, quando chegarmos ao Céu, ainda teremos bênçãos e pedidos a fazer.

Peça, clame, ore, busque, deseje, persista, avance, e Deus o surpreenderá.

Rezar com a Igreja

Não estou excluindo as belas orações que a Igreja nos propõe, pelo contrário, elas são meios que nos ajudam na busca por Deus. Colocarei, no final do livro, algumas dessas orações para nos auxiliar neste caminho. Serão orações poderosas que podem mudar sua vida, se forem feitas com amor e dedicação.

Escrevi, também, algumas orações espontâneas que achei necessárias para nos ajudar a orar.

Orações espontâneas Pe. João Marcos Polak

Oração para clamar a bênção de Deus

Ó Deus, eu quero orar como Jabes, quero me lançar na confiança e dependência de Ti, abençoa-me, Deus, vem em socorro das minhas aflições e necessidades. Diante da situação que vivo hoje, quero depositar minha confiança e entregar essa situação (colocar a situação). Ela não mais me pertence, pois entrego-a a Ti, meu Deus. Realiza conforme a Tua santa e poderosa vontade. Por meio de Teu Filho Jesus, lava-me com Teu sangue e purifica essa realidade. Eu creio no poder do sangue de Cristo. Eu creio em uma nova transfusão de sangue na minha vida. Manda uma porção dobrada de unção do Espírito Santo, para selar toda bênção, cura e libertação neste momento. Eu quero e preciso do Espírito Santo. Obrigado,

Deus. Obrigado, Senhor. Obrigado, Espírito Santo. Obrigado, Trindade Santa, porque sou um novo homem, tomo posse dessa verdade e de tudo o que o Senhor está realizando em minha vida e na vida daqueles pelos quais eu estou pedindo. Amém! Aleluia! Glórias a Jesus!

Passeia, Jesus, por minha vida

Entra, Jesus, na minha vida. Entra, Jesus, no meu coração. Entra, Jesus, no mais profundo do meu ser. Quero Te convidar, Jesus, a tocar em áreas da minha vida. Toca, Jesus, nos meus olhos, purifica o meu olhar de todas as coisas erradas, lava com Teu sangue e purifica no Teu Espírito minha visão. Quero e preciso de um olhar novo sobre minha história e sobre as realidades presentes em minha vida. Obrigado por essa graça. Tomo posse da bênção de Deus.

Toca, Jesus, nos meus ouvidos, pois tenho ouvido muitas coisas, principalmente sobre as realidades e as pessoas que não têm mais perspectiva de vida. Eu não posso ser assim. Purifica, Jesus, meus ouvidos. Que eu saiba filtrar o que ouço e saiba discernir o que é real e o que é obra do maligno. Ajuda-me, Jesus, a avançar. Vem com a Tua graça e a unção do Espírito Santo.

Jesus, eu preciso do Teu toque na minha boca (pare por um instante e reflita sobre o que você tem falado e como tem falado). Senhor, eu sei que nasci para glorificar a Deus, mas nem sempre cumpro Tua promessa. Vem, Jesus, me socorrer. Vem, Jesus, e toca

na minha boca, língua e voz. Que a minha voz seja para edificar, glorificar e animar as pessoas. Tudo o que é negativo, que destrói, que não leva para Deus, eu renuncio. Obrigado, Espírito Santo, porque já me sinto renovado. Minha voz, a partir de hoje, não será mais a mesma.

Quero pedir agora, Jesus, para tocar nas minhas mãos e nos meus pés. Usa-os para proclamar a Boa Nova do Evangelho. Preciso ser um evangelizador com ardor e destemor. Por onde eu andar, que seja sempre para levar Cristo e o Batismo no Espírito Santo. Cura, Jesus, as dores nas pernas, joelhos, ombros, coluna e braços. Que o Teu sangue lave e purifique. Mesmo sabendo que é normal sentir dor diante do cansaço e das lutas do dia a dia, existem realidades que são espirituais. Por isso, peço, quebra toda a maldição lançada sobre minha disponibilidade em Te servir. Que toda dor, cansaço nas pernas, preguiça de sair de si para levar Jesus seja cancelada agora no sangue do Cordeiro Imolado. Obrigado, Jesus. Eu tomo posse da graça de Deus. A partir de hoje vou lutar mais e avançar para que o Teu nome e a Tua Igreja sejam conhecidos mais e mais.

Toca em todo o meu corpo. Sei que o Espírito habita em mim, que sou templo do Espírito, mas Te peço perdão pelas vezes que não valorizei a graça de Deus em mim. Perdão pelo contratestemunho, por parar no temperamento e nas minhas limitações. Ajuda-me, Senhor, a ser sinal e testemunha no mundo. Renova minhas forças. Que Teu sangue me lave e purifique. Renuncio a toda prostração, sentimento de culpa e autoacusação. Quero ser melhor a partir de

hoje, quero corresponder mais e dedicar minha vida ao Teu serviço. Que eu seja de Deus, da Palavra, que apresente um Cristo vivo e vivido. Para isso, toca também nas minhas emoções, pois muitas vezes elas me traem. Dá-me o equilíbrio e o autocontrole. Vem, Espírito Santo, e modela, renova e aviva todo o meu ser. Amém. Glória a Jesus.

Quebrando as barreiras e as maldições

Pai, em nome de Jesus, na força e unção do Espírito Santo, venho neste momento invocar a Tua presença na minha vida e sobre todos aqueles que me pedem orações. Sou necessitado da Tua graça e do Teu poder, pois sem Ti nada sou, mas com a Tua força sei que serei mais que vencedor.

Peço-Te, Senhor, quebra toda ação do mal e destrói todas as barreiras que me impedem de avançar na intimidade Contigo. Toca-me e me liberta de todas as maldições lançadas sobre mim por pessoas invejosas e maléficas que tentaram me destruir.

Eu renovo, neste momento, minha consagração a Jesus. Peço que Teu sangue redentor me lave e purifique de todas as prisões interiores, de toda falta de perdão e reconciliação. Vem, Senhor, agir poderosamente. Entrego todos aqueles com os quais tenho contato, minha família, amigos e colegas do trabalho. Entrego todos a Ti, Senhor, e peço um derramamento poderoso do Espírito Santo. Que o fogo Santo de Deus queime tudo o que não edifica e o que

atrapalha no serviço e na missão. Já posso Te louvar, Senhor, porque sei que estás agindo. Sei que Tua mão poderosa está nessa situação agora. Que não estou só. O Senhor combate a meu favor, renova minhas forças e me restaura de toda prostração, aborrecimento, falta de coragem, de fé, pois "os que confiam no Senhor renovam suas forças, criam asas como águias, correm e não se cansam" (Is 40,31). É por isso que peço, clamo e recorro a Ti, Senhor. Quero avançar cada vez mais na oração, intimidade, amor à Palavra, à Igreja e aos irmãos. Quero desejar viver a cada dia um pouco melhor, mergulhar na piscina da bênção, não parar nos problemas e limites humanos, pois sou Teu, Jesus, minha vida Te pertence. Vem agir em mim, Senhor, vem tocar em mim, vem me avivar e renovar.

Obrigado, Senhor, pelo renovamento espiritual, Tua presença me invade e renova, talvez eu não sinta, mas sei que algo novo começa agora, um desejo de ser mais de Deus, mais íntimo do Teu coração, mais aberto e livre para servir, amar e adorar. Senhor, minha vida Te pertence, minha família Te pertence, minha casa está mergulhada no Teu sangue e na Tua misericórdia, minha missão é Tua missão, Senhor, conduza-me, inflama-me, renova-me. Amém! Aleluia! Glória ao Senhor! Bendito seja pelas bênçãos derramadas, pela transformação e unção. Louvado seja Deus.

QUERO UMA NOVA UNÇÃO

Pai, em nome de Jesus, envia sobre mim uma unção nova do Espírito Santo. Que todos os lugares sejam preenchidos pela força de Deus. Preciso ser renovado, mas sozinho não consigo. Vem, Espírito Santo, lavando, purificando e renovando. Sou um filho que necessito da força do alto. Por isso não me canso de clamar: Vem, Espírito Santo. Não me canso de pedir: batiza-me, Senhor Jesus. Sopra em mim a Ruah de Deus. Sopra o vento impetuoso. Que a graça de Deus me levante, me renove, tire todo medo, infidelidade, traição. Que todo pecado seja queimado no fogo da graça. Que seja um tempo novo e abençoado na força de Deus.

Reaviva em mim os dons e carismas que já recebi, mas que, por algum motivo, fui me acomodando e me deixando levar. Quero e preciso ser conduzido por Ti. Necessito retomar como homem de Deus, batizado no Teu Espírito.

Jabes orou e foi atendido. Eu sei que todo aquele que recorre a Ti com humildade, dependência e docilidade será atendido. Assim me apresento, Deus. Apresento minha pobreza de não saber, muitas vezes, o que rezar, o que orar e como tocar Teu coração. Tenho tantas coisas para pedir, mas neste momento só quero pedir e desejar o que mais a humanidade necessita: a graça de Deus, a efusão do Espírito. Este é o caminho para a realização pessoal, profissional e familiar: ser renovado na unção de Deus. Que minha vida seja uma bênção, que meu caminhar, a partir de hoje, seja para glorificar a Deus e corresponder Tua vontade. Vem, Espírito Santo, me carrega, me guia, me ilumina.

Agradeço-Te porque creio que um tempo novo começou agora, neste momento. Não sou mais o mesmo, pois o Senhor me levantou e renovou. Quero me comprometer a viver na bênção e na unção. Senhor, nunca retire de mim a Tua unção. Prefiro morrer que ficar sem a Tua graça ou unção. Que minha vida e minhas atividades, a partir de hoje, sejam conduzidas por Ti, somente pela Tua presença e unção. Glória ao Pai, ao Filho e ao Espírito Santo, que nos renova e reaviva. Amém!

Mergulhar na Misericórdia de Deus

Não tenhas medo, filho(a), de se aproximar do Deus de misericórdia.

Senhor, eu reconheço que nem sempre acertei, que muitas vezes vivi como se Deus não existisse. Mesmo sendo batizado e portando a marca da promessa, eu me perdi, esbanjei os bens, gastei os tesouros celestes. Perdão, Senhor, pelas vezes em que não Te amei, não lutei para ser santo e vivi como tantos, sem reconhecer que estavas ali, sempre batendo à porta da minha vida. Obrigado por Tua insistência, obrigado por não desistir de mim. Mesmo quando eu quis desistir, quis tirar minha vida, o Senhor não desistiu, mas sempre acreditou ser possível voltar. Quanta misericórdia, quanto amor,

quanta paciência! Assim como perdoou a tantos, perdoa a mim, que sou pecador e miserável. Errei muito, feri Teu coração, mas eu voltei. Acolhe-me novamente, Pai! Quero e preciso recomeçar. Necessito trilhar um novo caminho. Não dá mais para viver assim, porque sei que somente na Tua presença serei feliz e realizado. Que essa volta seja para sempre, que essa experiência se perpetue até o Céu. Não quero Te deixar nunca mais. Vem em meu auxílio a cada dia, em cada momento. Sou Teu, todo Teu. Minha vida está lavada e restaurada na Tua infinita misericórdia. Amém.

Eis que surge o homem novo

Senhor, eu reconheço que já não sou mais o mesmo, que algo novo aconteceu na minha vida. Deus me conquistou novamente. É possível trilhar um novo caminho sem ficar preso ao passado, porque entendi que Deus me escolheu e que os meus pecados foram lavados no sangue do Cordeiro. Pois uma vez marcados por Ele, seremos sempre marcados, amados, olhados com misericórdia.

Agora peço uma unção nova para ser fiel. Quero e preciso ser fiel! Necessito ser fiel desde agora, neste momento. Dá-me fidelidade, Senhor. Derrama o Teu Espírito Santo para me fazer mais santo, mais de Deus, mais íntimo do seu coração. Que eu queira permanecer na casa do Pai para sempre. Que eu possa experimentar a alegria do retorno, o abraço do Pai, as vestes novas, o anel no dedo e as sandálias nos pés, porque agora começa uma

história diferente; agora vou viver como filho e não mais como renegado ou excluído.

Sou filho, sou único no coração de Deus. Nada nem ninguém pode me impedir de viver esse relacionamento com Deus. Ninguém pode tirar essa filiação; ninguém pode dizer que não tenho valor, porque sei que, antes mesmo de eu ter nascido, o Senhor pensou em mim, me desejou e derramou o Teu Espírito Santo. Por isso, Senhor, quero trilhar um novo caminho e não voltar atrás por nada neste mundo. Mas eu também reconheço que necessito da Tua ajuda. Sopra sobre mim, sopra sobre nós, sopra sobre cada filho e filha a graça do Espírito Santo. Que neste momento eu seja tomado da presença poderosa de Deus, que nasça um desejo de avançar sempre mais na busca de Deus. Quero e preciso avançar para águas mais profundas. Vem, Senhor Jesus. Vem, Espírito Santo. Amém.

Orações Mons. Jonas Abib

Eu me arrependo sinceramente de tudo aquilo que aconteceu na minha vida passada. Tudo aquilo que eu fiz e que as pessoas fizeram para mim: meus pais, avós, padrinhos, conhecidos. Eu renuncio a tudo aquilo que fizeram por mim, até com boa vontade. Eu agora rejeito, eu renuncio a tudo e aceito toda verdade da fé católica. Eu sei que Tu és o Filho de Deus: Jesus, encarnado por nosso amor, no seio da Virgem Maria. Tu és o meu Senhor! Tu és o meu Salvador! Fui salvo pelo Teu sangue, resgatado pelo Teu sangue. Eu agradeço, Senhor, porque Te pertenço. A minha família Te pertence, os meus pais Te pertencem, os meus filhos Te pertencem. Eu sou Teu, Senhor! A minha vida é Tua, Senhor. Amém.

Segure o crucifixo e reze:

Que a Tua cruz, Senhor, seja plantada, agora, na minha vida. Sim, Senhor Jesus, eu clamo pelo poder da Tua cruz. Que o Teu Sangue precioso seja derramado agora sobre a minha vida. Que este Sangue precioso me lave, neste momento, de toda impureza que veio dos lugares que frequentei e que não condizem com a doutrina católica; purifica-me de toda contaminação que acabei carregando. Que a minha alma, a minha mente, o meu corpo, o meu coração, os meus sentimentos, que o meu espírito sejam agora purificados pelo Teu sangue. Liberta-me de toda e qualquer contaminação. Liberta-me da mentalidade dessas seitas, da doutrina, da cultura desses lugares que não professam Jesus como Senhor. Liberta-me, purifica-me, Senhor.

Todas as contaminações que vieram de gerações anteriores, que vieram dos meus antepassados, que Tu cortes agora, Senhor, pelo Teu Sangue precioso, pelo poder da Tua cruz. As contaminações que vieram dos meus pais e tudo aquilo que eles viveram, o que eles praticaram; tudo aquilo que veio dos meus avós, dos meus bisavós e dos meus tataravós. Aquilo que veio por descendência da primeira, segunda, terceira, quarta, quinta geração.

De tudo aquilo que me contaminou, lava-me agora, Senhor, com Teu Sangue precioso. Lava-me, Senhor, com Teu Sangue Precioso, de toda a contaminação que atingiu a minha vida, por

causa da ligação com meus parentes: tios, primos, cunhados, sogros, padrinhos e madrinhas.

Senhor, eu quero ser purificado. Eu preciso ser purificado. Lava-me, purifica-me, Senhor! Muito obrigado. Eu creio, mas aumenta a minha fé. Purifica agora, Senhor, também a minha família. Limpa a minha casa. Eu tomo, diante de Ti, o propósito de limpar toda a minha casa, de tirar todos os livros, todos os objetos, tudo aquilo que recebi, tudo aquilo que guardei e que diziam que trazia sorte ou atraia dinheiro. Na minha casa digo não à superstição; vou vasculhar as minhas gavetas, os meus armários, vou retirar das paredes quadros e pôsteres. Tudo o que está na minha casa, no meu escritório, no meu lugar de serviço. Eu vou acabar com tudo o que me veio dessas seitas.

Mas, além disso, eu preciso que o Teu Sangue precioso entre e lave a minha casa, lave o meu quarto, todos os cômodos da minha casa. Purifica tudo, nosso Senhor e nosso Deus; eu Te dou plena liberdade para purificar tudo. E agradeço, porque estás fazendo isso pela Tua Cruz, pelo Teu sacrifício, pela Tua morte na Cruz, pela Tua Ressurreição.

E peço agora, Senhor, ressuscita-me pelo poder do Espírito Santo. Como o Teu Corpo que estava no sepulcro e foi ressuscitado pelo poder do Espírito Santo, ressuscita-me, Senhor. Ressuscita a minha alma, o meu espírito, a minha mente e também o meu corpo.

Derrama sobre mim agora o Teu Espírito Santo. Sim, Senhor, dá-me um derramamento novo. Que eu seja agora cheio(a)

do Espírito Santo, que eu seja agora purificado(a) pelo Espírito Santo. Que o Espírito Santo, que é fogo, queime o meu coração, a minha mente, o meu corpo, o meu espírito, de todo o contágio e de toda a contaminação que vieram das várias práticas desses lugares.

Liberta-me da influência da doutrina e da mentalidade que me contaminou. Preciso de uma força que transforme toda a minha vida. Peço a presença permanente do Teu Espírito Santo. Para isso, Senhor, faze explodir em mim todos os carismas do Espírito Santo. Eu preciso, principalmente, do dom da fé, que acabou sendo abalada. Eu peço o carisma da fé, Senhor: uma fé carismática, uma fé de expectativa, uma fé que espera a realização do Teu poder, a realização dos Teus prodígios. Que se redesperte em mim, Senhor, o dom da fé, que se reinflame em mim o carisma da fé que recebi no meu Batismo. Que pela fé venham todos os dons de poder: o dom da cura, o dom dos milagres. Senhor, eu preciso ver, o Teu povo precisa ver, esta terra precisa ver o Teu poder, precisa experimentar as Tuas maravilhas.

Por isso peço: redesperta em mim os carismas de poder, o dom de curas, o dom da libertação, o dom de milagres. Redesperta em mim a Palavra da ciência, de sabedoria, o discernimento dos espíritos. Eu preciso, o Teu povo precisa, a Renovação Carismática Católica precisa, os nossos grupos precisam, a Tua Igreja precisa urgentemente que venham explodir os Teus carismas. Porque este é o meio de levantar este povo enfraquecido. O Teu povo vai ser levantado pelo poder do Teu Espírito Santo, Nosso Senhor e Nosso Deus!

Eu aceito e acolho, Senhor, o dom das línguas, o dom da interpretação das línguas, o dom da profecia, para que o Senhor fale diretamente a nós, na Tua Igreja. Sim, Jesus, que nós sejamos, agora, inundados pelo Teu Espírito Santo. Amém.

Dá-me têmpera

Meu Senhor e meu Deus, diante de Ti quero, sinceramente, ser um desses fortes guerreiros. Dá-me têmpera; não quero ser medroso. Não posso ser covarde. Preciso ser guerreiro. Vou ser lutador. Minha luta é contra minha própria carne, minhas paixões, minha concupiscência. Minha luta é contra o mundo, contra o inimigo. Faz-me forte, guerreiro, lutador.

Preciso vencer. Mesmo que muitos Te deixem, eu não posso Te deixar. Não quero e não posso ser um daqueles vinte e dois mil medrosos, nem um daqueles nove mil e setecentos que buscaram o mais fácil, o mais cômodo. Preciso ser um dos fortes. Quero ser um dos corajosos, dos que enfrentam o mais difícil, daqueles que vão contra a correnteza, para que no dia em que o Senhor vier em glória, esse meu corpo ressuscite e eu me encontre contigo nos ares, arrebatado por Ti. Mas para isso preciso ser forte.

Dá-me a graça de não voltar atrás. Não quero ser um dos medrosos, comodistas, que buscam o mais fácil e fazem o que todos fazem. Senhor, quero ser aqueles que vão contra a correnteza. Senhor, sozinho eu não posso. Mas, mesmo que sejamos poucos, eu preciso resistir. Por Tua graça, eu vou resistir. Derrama sobre mim

o Teu Espírito Santo. Os medrosos, os comodistas, os que buscam o mais fácil, os que fazem o que todo mundo faz, os que seguem pelo caminho de todo mundo vão ficar para trás. Eu não quero isso. Não posso ficar para trás.

Por isso, Senhor, derrama sobre mim o Teu Espírito Santo. Preciso ser um desses fortes, um desses valentes guerreiros. Quero e suplico: dá-me força em todo este meu caminhar. Há uma carreira ainda para correr. Há muita guerra pela frente. Muitas batalhas para serem conquistadas, vencidas. Por isso quero, a cada dia, a cada hora, ser fiel. Quero ser fiel hoje! Minha fidelidade até o fim será consequência, Senhor. Dá-me fidelidade agora. Não posso e não quero ser um daqueles comodistas que são levados pela carne, pelas paixões, pelos conceitos e facilidades do mundo.

Não quero seguir aquilo que todos seguem e fazem. Preciso ser radicalmente do Senhor, mesmo que seja apenas um por cento. Sei que mesmo assim seremos muitos e passaremos pela prova. Estou disposto a passar pela prova.

Faça o sinal-da-cruz na sua testa e no seu peito, como uma couraça.

Faça o sinal-da-cruz no seu coração.

Senhor, que eu não tenha medo. Que eu não vacile, que eu não seja covarde. Que eu seja valente e corajoso em Ti. Que eu resista, meu Senhor e meu Deus.

Faça o sinal-da-cruz sobre a sua pessoa.

Serei inteiramente do Senhor, meu Deus. Minha casa será inteiramente do Senhor. Minha família será inteiramente do Senhor. Minha consagração a Deus se fez pelo meu batismo. Foi assim que Deus tomou posse de mim. Eu sou de Deus. Jesus Cristo me comprou com o preço do Teu sangue. O Espírito Santo me possui inteiramente. Ele está dentro de mim como num templo: eu sou templo do Espírito Santo. A Trindade mora em mim. E tudo isso aconteceu no meu batismo, pois nele fui consagrado a Deus. Hoje renovo o meu batismo. Ratifico as promessas do meu batismo e as assumo. Foi pelo meu batismo que me tornei inteiramente do Senhor, meu Deus. Não será nenhuma doutrina errada que vai me enganar. Se fiz isso, se os da minha casa fizeram isso, se alguém fez isso por mim, mesmo que eu não soubesse, perdoa-me, Senhor. Cura-me, Senhor. Livra-me, Senhor.

Preciso da Tua libertação

Rompo com toda e qualquer consagração que fizeram por mim. Eu revogo toda consagração que eu tenha feito a qualquer entidade espiritual. Eu renuncio. Eu revogo. Isso já não existe mais. Liberta-me, Senhor, de todas as consequências dessas consagrações. Revogo toda consagração: no fogo, na água, nas cachoeiras, ou em qualquer outro tipo de ritual.

Mesmo que tenha sido meu padrinho, madrinha ou qualquer outra pessoa que tenha me levado para receber uma oração ou um benzimento diferente do que profetiza a fé católica, sem que eu tivesse consciência do que estava acontecendo, hoje revogo, Senhor. Tudo o que é desligado na Terra é desligado no Céu. No mundo espiritual está revogado. O espírito maligno não tem mais nenhum poder sobre mim. Jesus Cristo é o meu Senhor.

Sim, Jesus é o meu Senhor. Meu único Senhor. Não servirei a mais nenhum outro senhor, pois só Jesus, o Filho Bendito de Deus, é o Senhor da minha vida. Só a Ele servirei. A Ele me consagrarei, e hoje ratifico esta consagração. Lava-me, Senhor, purifica-me com Teu Espírito.

Batiza-me, preenchendo o vazio que ficou. Retira a consequência dessas consagrações a qualquer espírito maligno, a qualquer entidade espiritual. Senhor, tudo isso foi revogado no Teu nome.

Obrigado, Senhor. Preenche-me com Teu Espírito. Obrigado, Senhor. Perdão, meu Deus, pelos tempos da minha ignorância. Obrigado por não levar mais em conta os tempos de minha ignorância. Quero me converter e preciso que minha família se converta. Preciso deixar minha casa limpa. O Senhor não leva em conta os tempos da nossa ignorância. Mas agora o Senhor quer e manda que os meus se convertam. "Porque o Senhor, teu Deus, abomina aqueles que se dão a essas práticas, e é por causa dessas abominações que o Senhor, teu Deus, expulsa diante de ti essas nações. Serás inteiramente do Senhor, teu Deus" (Dt 18,12-13).

Senhor, quero obedecer-Te. Se o Senhor agora me proíbe, se agora não me permite, eu peço perdão por tudo aquilo que fiz nos tempos de minha ignorância. Perdão por ter ido a tantos lugares para buscar saúde, sorte, emprego, amores, casamento e outras tantas coisas. Fui por ignorância; me levaram por ignorância. O Senhor quer que todos os meus, toda minha casa e eu sejamos inteiramente do Senhor nosso Deus.

Obrigado, Senhor, porque me recebes como o filho pródigo. Obrigado, porque me acolhes como o bom ladrão arrependido no alto da cruz. Obrigado, porque me dizes: "Tem confiança, filho. Tem confiança, minha filha, a tua fé te salvou. Não tornes mais a pecar". Eis-me aqui, Senhor. Serei inteiramente do Senhor, meu Deus!

Obrigado, Senhor, porque me convencestes. Obrigado, porque me destes a mão e me salvastes. Agora rezo por todos os meus irmãos e irmãs. Peço que não seja eu, mas a Tua Palavra e o Teu Espírito Santo a convencer as pessoas. Peço uma verdadeira contrição de coração, embora tenham alcançado coisas boas nesses cursos e nessas práticas, dá-lhes a graça do arrependimento.

Que sejam convencidas de que somente Tu és o caminho, a verdade e a vida. Peço que esses meus irmãos tenham a capacidade e a força para renunciar a todos os "poderes" que adquiriram por meio do controle mental. Que renunciem a todo esse "poder". Assim como Paulo expulsou aquele espírito de adivinhação daquela moça, que também eles sejam agora libertos, Senhor, desses "poderes" que não vêm de Ti.

Renuncio a esses "poderes". Não quero "poder" nenhum, a não ser o poder que vem do Teu Espírito Santo. Em nome de Jesus e com a autoridade do Nosso Senhor Jesus Cristo, corto e quebro todos os laços e cadeias com os quais satanás tinha amarrado e prendido estes filhos e filhas de Deus.

Renuncio a toda falsidade, a toda mentira e ilusão que bloquearam a mente desses filhos de Deus. Expulso toda presença maligna, toda contaminação, e declaro que Jesus Cristo é o único Senhor de suas vidas, de seus negócios e de seus bens.

Que eles sejam libertos, curados e purificados pelo Sangue de Nosso Senhor Jesus Cristo, nosso único libertador. Nosso único Deus e Salvador. Só Jesus Cristo é o Senhor! Amém.

A SALVAÇÃO ENTROU EM MINHA CASA

Creio, Senhor, mas aumenta a minha fé! Eu creio que o Senhor entrou na minha casa e vai ficar nela, porque eu sou filho de Deus. Porque todos da minha casa são filhos de Deus. Todos aqueles que me dão preocupações são filhos de Deus. Por mais difícil que seja a situação, para Ti, Senhor, nada é impossível. Eu creio. Aumenta minha fé.

Entra, Senhor, para resolver as situações da minha casa. Entra, Senhor, para curar as pessoas da minha família. Entra na minha casa, Senhor, para resolver, de uma vez por todas: eu preciso e peço! Entra, Senhor, na minha casa, para arrancar o vício, seja qual for

ele. Para Ti nada é impossível! Eu Te entrego essa situação, essa pessoa (nomeie para Jesus cada pessoa ou cada situação).

Entra, Senhor, para arrancar toda impureza, toda infidelidade, o adultério, a prostituição. Entra, Senhor, para arrancar toda e qualquer impureza! Entra, Nosso Senhor Jesus Cristo, para converter, para mudar o coração, para trazer de volta para Ti, para trazer de volta para a Igreja. Entra, Senhor, para ressuscitar! É preciso uma ressurreição, Senhor. Eu sei e creio: mesmo sendo necessária uma ressurreição, o Senhor é a ressurreição e a vida. O Senhor pode e quer ressuscitar. Entra em minha casa, Senhor, e ressuscita! Ressuscita, Senhor, os que eu amo!

Estou pedindo: para Ti nada é impossível. Para Ti não há problemas sem solução. Muito obrigado, Senhor, por toda a obra linda que estás fazendo em minha casa. Entra em minha casa. Limpa tudo! Lava, desentulha, transforma, Senhor. Eu creio: a salvação entrou em minha casa, porque também eu sou filho de Deus. Muito obrigado, Senhor, porque entraste em minha casa! Muito obrigado, Jesus, porque fizeste a limpeza da minha casa. Porque trouxeste uma luz nova à minha casa. Porque Tua luz se fez na minha vida. Tudo aquilo que era treva, sombra, mal-estar, peso, tudo foi embora. Hoje a salvação entrou em minha casa, porque sou filho de Deus. Aqueles que moram comigo também são filhos de Deus. Muito obrigado, Senhor, por toda obra que fizeste! Obrigado, Jesus, porque tiraste as contaminações da minha vida,

porque expulsaste o inimigo e extirpaste o pecado da minha vida. Agora tudo se fez novo.

Sim, Nosso Senhor Jesus Cristo, "hoje a salvação entrou em minha casa, porque o Senhor veio procurar e salvar tudo aquilo que estava perdido". Muito obrigado, meu Senhor e meu Deus, muito obrigado por tudo isso. O Senhor realizou maravilhas!

Lava-me, Senhor, com Teu Sangue precioso. Derrama o Sangue das Tuas Chagas, das Tuas mãos, dos Teus pés, lava-me com Teu Sangue por inteiro: corpo, alma e espírito. Envolve-me com Teu Sangue: a minha mente, o meu coração, a minha vontade, os meus sentimentos. Estou pedindo: derrama o Teu Sangue precioso sobre toda a minha pessoa. Senhor Jesus, que Teu Sangue seja a minha defesa, minha fortaleza, minha guarda, e que nada do maligno possa me atingir agora, pelo poder de Teu Sangue precioso derramado agora sobre mim, sobre os meus e sobre todos os meus bens. Eu repito com toda firmeza: o Sangue de Jesus tem poder sobre mim. A minha defesa é o Sangue de Jesus. A minha proteção é o Sangue de Jesus. A minha fortaleza é o Sangue de Jesus. Eu acolho agora o Sangue precioso de Jesus, que é a minha redenção. Amém!

O Sangue de Jesus Cristo tem poder no Céu, na Terra e nos infernos. Os demônios são obrigados a reconhecer que o Sangue de Jesus tem poder. Esse Sangue redentor nos salvou e nos arrebatou das garras do maligno. Os demônios são repelidos e fogem diante da força do Sangue de Jesus, pois eles

não resistem à Sua presença. Sim, o Sangue de Jesus tem poder sobre os próprios infernos.

Repita comigo:

O Sangue de Jesus tem poder sobre o inferno. Diante do Seu Sangue, o inimigo é repelido e foge. Todo joelho se dobra nos céus, na terra e nos infernos, porque este Sangue tem poder. Amém.

Sabemos que o Sangue de Jesus tem poder aqui na Terra para nos guardar, defender-nos e nos libertar de todo mal. E Ele tem o poder de desmanchar as inimizades, as rixas, as vinganças, as trincheiras que as pessoas armaram umas contra as outras, as vinganças guardadas, os ressentimentos entre famílias retidos no coração. O Sangue de Jesus tem poder de reconciliar irmãos, parentes e famílias inteiras. Ele tem o poder de derrubar todo ódio, rancor, vingança, mentira, orgulho, autossuficiência. Ele tem poder de derrubar todas as barreiras.

Repita comigo:

Jesus manso e humilde de coração, fazei o meu coração semelhante ao Vosso. Eu quero ter um coração como o Vosso: dá-me, Senhor.

Sabemos que o Senhor, que o Seu Sangue, tem o poder de nos fazer simples, humildes, pobres e livres de todo orgulho e

vaidade. Agora, dobre-se diante do poder do Sangue que cai das mãos e dos pés de Jesus, para que você seja lavado por inteiro. Que toda surdez, toda vaidade e soberba, que toda altivez e orgulho sejam agora desterrados de sua vida.

Envolve-me, Jesus, com Teu Sangue, defende-me, Jesus, e livra-me de todo ataque do maligno. Amém.

Obrigado, Senhor, porque Teu Sangue tem o poder de nos dar um coração novo. Um coração que foi endurecido pelas situações que sofremos, por todas as tribulações pelas quais passamos. O Teu Sangue tem o poder de desfazer as inimizades, rixas, desavenças, vinganças e todo sentimento de orgulho e vaidade que tomou conta do nosso coração, tornando-o rígido e endurecido. O Teu Sangue tem o poder de quebrar a dureza do nosso coração. O inimigo nos humilhou tantas vezes, levando-nos ao orgulho, à vaidade, à altivez, e pensávamos que eram sentimentos bons. Mas, na verdade, estávamos sendo humilhados, oprimidos, escravizados pelo inimigo. Hoje encontramos a libertação na humildade e na simplicidade que estamos recebendo do Teu Coração manso e humilde.

Jesus, manso e humilde de coração, fazei o meu coração semelhante ao Vosso.

Repita:

O Sangue de Jesus tem poder. Tem poder para dobrar a minha soberba, o meu orgulho, a minha vaidade e altivez. O Sangue de Jesus tem poder de tirar a dureza do meu coração. Tem o poder de me dar um coração novo, humilde e manso como o Dele.

Eu aceito, Senhor, que retires a dureza do meu coração. Eu aceito, Senhor, receber a humildade, a simplicidade, a bondade do Teu Coração. O Sangue de Jesus tem poder.

Faça o gesto com a mão, como se estivesse pegando o seu coração e entregando-o a Jesus. Faça isso com simplicidade e acolha o coração que Jesus lhe entrega de volta. Um coração de carne: bom, humilde, terno, simples; um coração que ama. Agradeça ao Senhor por este coração novo.

Repita comigo:

Jesus manso e humilde de coração, fazei o meu coração semelhante ao Vosso.

Rezemos juntos, ou cante, se você souber:

Vitória, Tu reinarás. Ó Cruz, Tu nos salvarás. Brilhando sobre o mundo, que vive sem Tua luz, Tu és um sol fecundo, de amor e de paz, ó Cruz. Aumenta a confiança do pobre e do pecador. Confirma nossa esperança, na marcha para o Senhor. À sombra dos Teus braços, a Igreja viverá. Por Ti, no eterno abraço, o Pai nos acolherá.

Muito obrigado, Senhor, por toda obra que estás realizando: tocando fundo o nosso coração.

Aos pés da Tua cruz nos humilhamos e proclamamos o triunfo da cruz. O Senhor nos deu a vitória, e nós recebemos um coração novo; um coração de carne: bom, firme, humilde, semelhante ao Coração de Jesus. Muito obrigado, porque rompeste as cadeias da escravidão do orgulho, da altivez, da autossuficiência. Obrigado, porque nos dás um coração de carne: um coração bom.

Muito obrigado, Senhor, por toda a renovação que realizas em nossa vida.

O Senhor está indo fundo e quebrando as durezas do nosso coração. Ele está quebrando os grilhões que estavam amarrando o nosso coração. Queremos, a partir de agora, Senhor, agir com este coração novo.

Diga comigo:

Sangue de Jesus, defende e ampara a minha casa e os membros da minha família. Estou pedindo, Jesus: derrama o Teu Sangue sobre as pessoas da minha família, para guardá-las e defendê-las de todo ataque do maligno. Devolve a paz e a concórdia à minha família. Alcança todos os meus parentes, Senhor, todos aqueles aos quais somos ligados por laços de sangue.

Retira todo orgulho, toda vaidade, toda soberba, toda altivez que imperou em nosso lar, criando inimizades, brigas, desavenças. Sangue de Jesus, rompe as correntes e os grilhões que nos prende-

ram. Sangue de Jesus, liberta-nos do orgulho, da vaidade e de toda maldade.

Levante as suas mãos, pedindo que isso se realize verdadeiramente pelo poder de Jesus. Suplique ao Senhor que o Seu Sangue precioso e a Sua redenção opere sobre todos os membros da sua família. Sabemos que todas as desavenças, divisões, vinganças, mal-querenças são, em primeiro lugar, obras do maligno: dos espíritos das trevas que tomaram conta do nosso coração e do coração dos outros, fazendo-nos inimigos e rivais. Mas o Sangue de Jesus tem poder, e o inimigo é obrigado a fugir.

Ele é obrigado a entrar em fuga, diante do poder do Seu Sangue, e deixar os territórios que ele havia usurpado.

Diante do Teu Sangue, Senhor, os espíritos causadores de vingança são obrigados a fugir. Todo espírito provocador de desavença, desconfiança, inimizades, mentira, engano, divisão, intriga e maledicência são obrigados a se afastar, porque o Sangue de Jesus tem poder para desterrar todo espírito maligno. Eles são obrigados a se pôr em fuga e não voltar mais, porque o Sangue de Jesus tem poder.

O Sangue de Jesus tem poder sobre todo o mal. Tem poder sobre as forças dos infernos e sobre todos os espíritos das trevas.

Proclamo o poder do Sangue de Jesus sobre os demônios e sobre todo o mal. Proclamo a Vitória de Jesus, porque Seu sangue tem poder. Bendito seja o nome de Jesus! Amém.

Jesus, Tu és o Senhor. O Rei dos reis. O Senhor dos senhores. Diante do Teu Nome se dobra todo joelho no Céu, na Terra, nos infernos e toda língua proclama, para a glória de Deus Pai, que Jesus Cristo é o Senhor. Que sejam expulsos pelo poder do Sangue de Jesus todos os espíritos malignos que provocavam desavença e desunião nas famílias, trazendo toda espécie de enfermidades que acabam passando de um para o outro, hereditariamente.

Em nome do Senhor Jesus, coloco às claras esses espíritos de enfermidades, esses espíritos malignos provocadores de enfermidades. Em nome de Jesus, dobre-se, agora, todo joelho na terra, no Céu e nos infernos e toda língua proclame, para glória de Deus Pai, que Jesus Cristo é o Senhor. Todo espírito maligno que vem provocar as crianças, que vem trazer enfermidades, irritação, revolta, desobediência nas nossas crianças, os espíritos malignos que aproveitam de meninos e meninas, que se aproveitam até de bebês, para causar irritação aos pais. Para levá-los ao cansaço e ao desânimo, para causar-lhes preocupações e angústias.

Todo espírito maligno de doenças e enfermidades crônicas em crianças. Espíritos sujos, covardes, no Nome de Jesus, venham à luz e sejam expulsos pelo poder do Sangue de Jesus.

O Sangue de Jesus tem poder sobre toda enfermidade. Graças às chagas do corpo de Jesus cravado na cruz, encontramos a salvação, a saúde e a libertação de toda doença. É em Nome de Jesus que eu expulso todos esses espíritos malignos, porque Jesus é o Senhor. Espírito maligno provocador de desavenças entre casais, espíritos provocadores de irritação, de mágoas, ressentimentos, provocando toda sorte de briga e indiferença entre um e outro, para desunir e separar.

Com a autoridade de Nosso Jesus Cristo, eu os coloco às claras, na luz de Cristo. E com o poder do Sangue de Jesus, os expulsamos, espíritos provocadores de desavenças entre casais. Não tem mais poder de continuar causando desavenças nestes lares, nestas famílias, entre esses casais.

Você que é casado(a) repita comigo:

Renuncio e rejeito a todo espírito imundo, provocador de desavença no meu casamento, entre mim e (diga o nome da pessoa com quem você se casou). Foi o Senhor quem nos uniu em matrimônio: por isso rejeito toda desavença, inimizade, mentira, desconfiança, irritação, tudo aquilo que quer nos separar.

Em nome de Jesus, renuncio a todas as obras das trevas, aos espíritos malignos, maldosos e covardes que querem prejudicar nosso casamento. É no Senhor Jesus que nós nos firmamos. Amém.

Apresente ao Senhor a sua aliança, você que é casado (a) ou noivo(a). Você que foi casado(a) e não está com seu cônjuge, apresente a sua aliança também.

Agradecemos ao Senhor por toda a libertação que estás trazendo agora sobre as nossas famílias. Agradeço, louvo e proclamo a vitória da cruz sobre o nosso lar, sobre nossos filhos e sobre nosso casamento.

Bendito sejas Tu, Senhor, pela Tua vitória e pelo Teu poder. O que Deus uniu, o inimigo não separa. Ele não tem poder de nos separar. Por isso, clamamos o Sangue de Jesus sobre o nosso casamento. Que seja feita uma aliança no Sangue redentor de Cristo. Que seja reavivada a graça do Sacramento do Matrimônio. Que sejamos defendidos contra todos os ataques do mal e que se realizem os propósitos de Deus no nosso casamento.

Muito obrigado, Senhor, por essa aliança, renovando o nosso casamento no Teu Sangue precioso.

Repita comigo:

O meu casamento foi firmado em Jesus e agora, mais uma vez, ele é consolidado pelo Senhor. Por isso proclamo que nenhuma

força, nem da Terra, nem dos infernos, tem poder sobre o meu casamento, porque foi o Senhor quem nos uniu. Amém.

Nossos filhos precisam muito de libertação. Nossos jovens precisam do poder do Sangue de Jesus. Agora exorcizamos todo espírito maligno que ataca covardemente os nossos jovens, trazendo-lhes desesperança. Todo espírito que os faz acreditar que não vão conseguir fazer um bom casamento, que não encontrarão um companheiro ou uma companheira. Todo espírito que lança sobre os nossos jovens a solidão, a angústia, a tristeza, o desespero e o desânimo.

Sim, em nome de Jesus, expulsamos todo espírito maligno que leva desesperança ao coração dos nossos jovens, levando-os a se entregar à luxuria, à devassidão e a uma sexualidade desregrada.

Com a autoridade de sacerdote, proclamo: Não tendes mais poder algum de atormentar os nossos jovens. Eu os expulso e proclamo que não retornem mais. Sim, proclamamos que o Sangue de Jesus tem poder sobre essas legiões diabólicas, repele-as, expulsa-as, põe-nas longe dos nossos jovens.

Jovem, você venceu o maligno porque acreditou em Cristo Jesus, porque entregou sua vida ao Senhor!

Jovem, reze comigo:

Eu venci o maligno no poder do Sangue de Jesus. Venci o mundo e vou vencer o pecado, porque acreditei e ponho a minha confiança em Jesus. O que está em mim é maior do que aquele que está no mundo.

Peço, Senhor, que Tu venhas derramar o Teu Sangue sobre todos estes jovens, guardando-os, defendendo-os, fortalecendo-os, em Teu Sangue, contra todo ataque do maligno, contra toda mentira e toda falsidade. Sim, Senhor! Defende-nos, guarda-nos, protege-nos com Teu Sangue precioso. Amém.

"Porque, ainda que vivamos na carne, não militamos segundo a carne. Não são carnais as armas com que lutamos. São poderosas, em Deus, capazes de arrasar fortificações. Nós aniquilamos todo raciocínio e todo orgulho que se levanta contra o conhecimento de Deus, e cativamos todo pensamento e o reduzimos à obediência a Cristo" (2Cor 10,3-5).

Sim! Aniquilamos todo orgulho que se levanta contra Deus, que se levanta contra Cristo, contra Suas leis, contra o Seu reino, e o reduzimos à obediência a Cristo, pois só Jesus Cristo é o Senhor. Amém.

E diga mais uma vez:

O Sangue de Jesus está sobre mim, está sobre a minha família, sobre a minha casa. O Sangue de Jesus tem poder.

Estou proclamando, Senhor, o poder de Teu Sangue sobre os nossos antepassados. Que o Teu Sangue alcance agora os nossos pais, os nossos avós.

É na autoridade de sacerdote de Cristo Jesus que invoco agora o Sangue de Jesus sobre nossos antepassados: nossos pais, avós, tios, parentes próximos, da segunda, terceira, quarta, quinta geração. Que sejamos agora livres de toda herança negativa de vingança, de desavenças, de divisões, de separações. Que sejamos libertos de toda contaminação.

Que o Sangue de Jesus recaia sobre os nossos, libertando-nos de toda herança espiritual vinda dos nossos antepassados, pois o Sangue de Jesus tem o poder de libertar também os nossos antepassados, vivos ou mortos. O Sangue de Jesus tem poder sobre as gerações que nos antecederam e que nos transmitiram uma herança infeliz de maldições e pragas.

Pedimos perdão e misericórdia pelas rixas, desavenças, inimizades, intrigas, desuniões, vinganças e os rancores de nossos antepassados. Do Teu Sangue vem a bênção sobre as nossas famílias e toda nossa parentela, sobre todos os nossos antepassados, sobre nossa casa, os nossos bens, as nossas propriedades. O Sangue de Jesus recai agora sobre tudo aquilo que foi amaldiçoado. Que tudo seja agora abençoado e liberto pelo poder do Sangue de Jesus.

Aclamamos a vitória do Sangue de Jesus e pedimos mais uma vez que o Teu Sangue seja agora derramado sobre todos nós, sobre

os nossos parentes, irmãos, antepassados vivos e mortos, sobre os nossos bens e propriedades. Sobre tudo o que somos e temos.

E proclamamos:

O Sangue de Jesus tem poder! O Sangue de Jesus é uma bênção para mim, para minha família, para os meus filhos, para os meus irmãos, para os meus antepassados. Que a bênção de Deus alcance a cada um, cada família, cada propriedade e também os nossos antepassados, vivos e falecidos.

Oração de São Patrício

Levanto-me, neste dia que amanhece,
por uma grande força, pela invocação da Trindade,
pela fé na Tríade,
pela afirmação da unidade
do Criador da Criação.

Levanto-me, neste dia que amanhece,
pela força do nascimento de Cristo em Seu batismo,
pela força da crucificação e do sepultamento,
pela força da ressurreição e ascensão,
pela força da descida para o Julgamento Final.

Levanto-me, neste dia que amanhece,
pela força do amor dos Querubins,

em obediência aos Anjos,
a serviço dos Arcanjos,
pela esperança da ressurreição e da recompensa,
pelas orações dos Patriarcas,
pelas previsões dos Profetas,
pela pregação dos Apóstolos,
pela fé dos Confessores,
pela inocência das Virgens santas,
pelos atos dos Bem-aventurados.

Levanto-me, neste dia que amanhece,
pela força do céu,
luz do sol,
clarão da lua,
esplendor do fogo,
pressa do relâmpago,
presteza do vento,
profundeza dos mares,
firmeza da terra,
solidez da rocha.
Levanto-me, neste dia que amanhece,
pela força de Deus a me empurrar,
pela força de Deus a me amparar,
pela sabedoria de Deus a me guiar,
pelo olhar de Deus a vigiar meu caminho,

pelo ouvido de Deus a me escutar,
pela Palavra de Deus em mim falar,
pela mão de Deus a me guardar,
pelo caminho de Deus à minha frente,
pelo escudo de Deus que me protege,
pela hóstia de Deus que me salva
das armadilhas do demônio,
das tentações do vício,
de todos que me desejam mal,
longe e perto de mim,
agindo só ou em grupo.

Conclamo, hoje, tais forças a me protegerem contra o mal,contra qualquer força cruel que ameace meu corpo e minha alma,contra a encantação de falsos profetas, contra as leis negras do paganismo,
contra as leis falsas dos hereges,
contra a arte da idolatria,
contra feitiços de bruxas e magos,
contra saberes que corrompem o corpo e a alma.

Cristo, guarde-me hoje
contra veneno, contra fogo,
contra afogamento, contra ferimento,
para que eu possa receber e desfrutar a recompensa.

Cristo comigo, Cristo à minha frente, Cristo atrás de mim,
Cristo em mim, Cristo em baixo de mim, Cristo
acima de mim,
Cristo à minha direita, Cristo à minha esquerda,
Cristo ao me deitar,
Cristo ao me sentar,
Cristo ao me levantar,
Cristo no coração de todos os que pensarem em mim,
Cristo na boca de todos que falarem em mim,
Cristo em todos os olhos que me virem,
Cristo em todos os ouvidos que me ouvirem.

Levanto-me, neste dia que amanhece,
por uma grande força, pela invocação da Trindade,
pela fé na Tríade,
pela afirmação da Unidade,
pelo Criador da Criação.

Em nome do Pai, do Filho e do Espírito Santo. Amém.

Orações antes da missa

Oração de Santo Ambrósio

Senhor Jesus Cristo, eu, pecador, não presumindo dos meus próprios méritos, mas confiando na Vossa bondade e misericórdia, temo, entretanto, e hesito em aproximar-me da mesa do Vosso doce convívio. Pois meu corpo e meu coração estão manchados por muitas faltas, e não guardei com cuidado o meu espírito e a minha língua.

Por isso, ó bondade divina e temível majestade, na minha miséria recorro a Vós, fonte de misericórdia; corro para junto de Vós, a fim de ser curado, refugio-me na Vossa proteção e anseio ter como Salvador Aquele que não posso suportar como Juiz. Senhor, eu Vos mostro as minhas chagas e Vos revelo a minha vergonha. Sei que são grandes e muitos os meus pecados, e temo por causa deles, mas espero na Vossa infinita misericórdia.

Salve, vítima salvadora, oferecida no patíbulo da Cruz por mim e por todos os homens. Salve, nobre e precioso Sangue, que brotas das chagas do meu Senhor Jesus Cristo crucificado e lavas os pecados do mundo inteiro.

Olhai-me com os olhos da Vossa misericórdia, Senhor Jesus Cristo, Rei eterno, Deus e homem, crucificado por todos os homens. Ouvi-me, pois espero em Vós; Vós que sois fonte inesgotável de perdão, tende piedade das minhas misérias e pecados.

Lembrai-Vos, Senhor, da Vossa criatura resgatada por vosso Sangue. Arrependo-me de ter pecado, desejo reparar o que fiz.

Livrai-me, ó Pai clementíssimo, de todas as minhas iniquidades e pecados, para que, inteiramente purificado, mereça participar dos Santos Mistérios. E concedei que o Vosso Corpo e o Vosso Sangue, que eu, embora indigno, me preparo para receber, sejam perdão para os meus pecados e completa purificação de minhas faltas.

Que eles afastem de mim os maus pensamentos e despertem os bons sentimentos; tornem eficazes as obras que Vos agradam e protejam meu corpo e minha alma contra as ciladas dos meus inimigos. Amém.

Oração de São Tomás de Aquino

Deus eterno e todo-poderoso, eis que me aproximo do sacramento do Vosso Filho único, Nosso Senhor Jesus Cristo. Impuro, venho à fonte da misericórdia; cego, à luz da eterna claridade; pobre e indigente, ao Senhor do céu e da terra. Imploro, pois, a abundância da Vossa liberalidade, para que Vos digneis curar a

minha fraqueza, lavar as minhas manchas, iluminar a minha cegueira, enriquecer a minha pobreza, vestir a minha nudez.

Que eu receba o Pão dos Anjos, o Rei dos reis e o Senhor dos senhores, com o respeito e a humildade, a contrição e a devoção, a pureza e a fé, o propósito e a intenção que convêm à salvação da minha alma.

Dai-me que receba não só o sacramento do Corpo e do Sangue do Senhor, mas também o seu efeito e a sua força. Ó Deus de mansidão, fazei-me acolher com tais disposições o Corpo que o Vosso Filho único, Nosso Senhor Jesus Cristo, recebeu da Virgem Maria, que seja incorporado ao seu Corpo Místico e contado entre os seus membros. Ó Pai cheio de amor, fazei que, recebendo agora o Vosso Filho sob o véu do sacramento, possa na eternidade contemplá-la face a face.

Vós, que viveis e reinais na unidade do Espírito Santo, por todos os séculos dos séculos. Amém.

Ação de graças após a missa

A IGREJA NOS ENSINA QUE, após receber a Sagrada Hóstia, presença real de Jesus (corpo, sangue, alma e divindade), Ele está substancialmente presente em nós até que nosso organismo consuma as espécies do trigo, o que pode levar cerca de 15 minutos. Depois disso, Jesus passa a estar em nossa alma pela ação do Espírito Santo e de Sua graça.

O grande São Pedro Julião Eymard, em seu livro "Flores da Eucaristia"[1], ensina-nos a importância da Ação de Graças.

> O momento mais solene de vossa vida é o da Ação de Graças, em que possuis o Rei da Terra e do Céu, vosso Salvador e Juiz, disposto a vos conceder tudo o que Lhe pedirdes. A Ação de Graças é de imprescindível necessidade,

---

[1] EYMARD, São Pedro Julião. Flores da Eucaristia. São Paulo:Loyola, pgs 131-135.

a fim de evitar que a Santa Comunhão degenere num simples hábito piedoso. Nosso Senhor permanece pouco tempo em nossos corações, após a Santa Comunhão, porém os efeitos de Sua Presença se prolongam. As santas espécies são como que um invólucro, o qual se rompe e desaparece para que o remédio produza seus salutares efeitos no organismo. A alma se torna então como um vaso que recebeu um perfume precioso. Consagrai à Ação de Graças meia hora, se for possível, ou, pelo menos, um rigoroso quarto de hora (15 minutos). Dareis prova de não ter coração e de não saber apreciar devidamente o que é a Comunhão, se, após haver recebido Nosso Senhor, nada sentísseis e não Lhe soubésseis agradecer. Deixai, se quiserdes, que a Santa Hóstia permaneça um momento sobre a vossa língua, a fim de que Jesus, verdade e santidade, a purifique e santifique. Introduza-a, depois, em vosso peito, no trono do vosso coração, e, adorando em silêncio, começai a Ação de Graças. Adorai Jesus sobre o trono de vosso coração, apoiando-vos sobre o Dele, ardente de amor. Exaltai-Lhe o poder, proclamai-o Senhor vosso, confessai-vos ser feliz servo, disposto a tudo para Lhe dar prazer. Agradecei-Lhe a honra que vos fez, o amor que vos testemunhou, e o muito que vos deu nesta Comunhão! Louvai a Sua bondade e o seu amor para convosco, que sois tão pobre, tão imperfeito, tão infiel! Convidai os anjos, os santos, a Imaculada Mãe de Deus para louvá-Lo e agradecer-Lhe por vós. Uni-vos às ações de graças amantes e perfeitas da Santíssima Virgem. Agradeçamos por meio de Maria, pois quando um filho pequeno recebe alguma coisa, cabe à mãe agradecer por ele. A Ação de Graças identificada com a de Maria Santíssima será perfeita e bem aceita pelo Coração de Jesus. Na Ação de Graças de Comunhão,

chorai os vossos pecados aos pés de Jesus com Madalena (Jo 12,3), prometei-Lhe fidelidade e amor, fazei-Lhe o sacrifício de vossas ações desregradas, de vossa tibieza, de vossa indolência em empreender o que vos custa. Pedi-Lhe a graça de não mais O ofender, professar-Lhe que preferis a morte ao pecado. Pedi tudo o que quiserdes; é o momento da graça, e Jesus está disposto a vos dar o próprio Reino. É um prazer que Lhe proporcionamos, oferecer-Lhe ocasião de distribuir seus benefícios. Pedi-lhe o reinado da santidade em vós, em vossos irmãos, e que a sua caridade abrase todos os corações.

Na Ação de Graças podemos e devemos orar pela Igreja, pelas necessidades, intenções e saúde do Papa e de nossos bispos, sacerdotes, diáconos, consagrados, coordenadores de comunidades, missionários, catequistas, vocações sacerdotais e religiosas etc.

É o momento privilegiado para pedir a Jesus pelas almas do Purgatório, por cada pessoa de nossa família e de todos os que se recomendaram às nossas orações e por todos aqueles por quem somos mais obrigados a rezar. E supliquemos a Jesus todas as graças necessárias para podermos cumprir bem a missão que Ele nos deu neste mundo, seja familiar, profissional ou apostólica. É também o momento de nossa cura interior, pelo Sangue de Jesus.

Não nos esqueçamos nunca do que Ele disse: "Permanecei em Mim e Eu permanecerei em vós. O ramo não pode dar fruto por si mesmo se não permanecer na videira" (Jo 15,1-6). É melhor não Comungar do que Comungar mal.

Alma de Cristo, santificai-me

Alma de Cristo, santificai-me.
Corpo de Cristo, salvai-me.
Sangue de Cristo, inebriai-me.
Água do lado de Cristo, lavai-me.
Paixão de Cristo, confortai-me.
Ó Bom Jesus, ouvi-me.
Dentro de vossas chagas, escondei-me.
Não permitais que eu me separe de Vós.
Do espírito maligno, defendei-me.
Na hora da morte, chamai-me
e mandai-me ir para Vós,
para que com Vossos Santos Vos louve
por todos os séculos dos séculos.
Amém.

Esta é uma oração poderosa de exorcismo e proteção divina que devemos fazer logo de manhã, para que comecemos o dia na bênção de Deus. O inimigo tem raiva de certas orações, e essa é uma delas, na qual nós consagramos nossa vida e todo nosso ser a Deus. Quando você faz com fé e tendo consciência do que está fazendo, pode ter certeza que uma unção de bênçãos é derramada. Nós consagramos nossa mente, corpo e alma a Deus.

Sinal da Cruz

Pelo sinal da Santa Cruz,
livrai-nos, Deus, nosso Senhor,
dos nossos inimigos!
Em nome do Pai, do Filho e do Espírito Santo. Amém!

A cruz sagrada

A Cruz Sagrada seja minha luz.
Não seja o dragão meu guia.
Retira-te, satanás, nunca me aconselhes coisas vãs.
É mau o que ofereces, bebe tu mesmo os teus venenos.
Amém.
(São Miguel Arcanjo)

Levante-se, Deus

Levanta-se, Deus, pela intercessão da Bem-Aventurada Virgem Maria, de São Miguel Arcanjo e toda a Milícia Celeste, que sejam dispersos seus inimigos e fujam de sua face todos os que vos odeiam e vos perseguem.

Em nome do Pai, do Filho e do Espírito Santo.

São Miguel Arcanjo, Príncipe dos Anjos

São Miguel Arcanjo, defendei-nos no combate, sede o nosso refúgio contra as maldades e ciladas do demônio. Ordene-lhe, Deus, instantemente o pedimos, e vós, príncipe da milícia celeste, pela virtude divina, precipitai no inferno a satanás e aos outros espíritos malignos, que andam pelo mundo para perder as almas. Amém.

Oração do Sangue de Jesus

Senhor Jesus Cristo, em nome, e com o poder de Vosso Sangue Precioso, selamos cada pessoa, fato ou acontecimento através dos quais o inimigo nos queira prejudicar.

Com o poder do Sangue de Jesus, selamos toda potência destruidora no ar, na terra, na água, no fogo, abaixo da terra, nos abismos do inferno e no mundo no qual hoje nos moveremos.

Com o poder do Sangue de Jesus, rompemos toda interferência e ação do Maligno. Pedimo-Vos, Senhor, que envieis aos nossos lares

e locais de trabalho a Santíssima Virgem Maria, acompanhada de São Miguel, São Gabriel, São Rafael e toda sua corte de santos anjos.

Com o poder do Sangue de Jesus, lacramos nossa casa, todos os que a habitam (nomear a cada um), as pessoas que o Senhor a nós enviará, assim como todos os alimentos e os bens que generosamente nos concede para nosso sustento.

Com o poder do Sangue de Jesus, lacramos terra, portas, janelas, objetos, paredes e pisos, o ar que respiramos, e na fé colocamos um círculo de Seu Sangue ao redor de toda nossa família.

Com o poder do Sangue de Jesus, lacramos os lugares onde vamos estar neste dia e as pessoas, empresas e instituições com quem vamos tratar.

Com o poder do Sangue de Jesus, lacramos nosso trabalho material e espiritual, os negócios de nossa família, os veículos, as estradas, os ares, as ruas e qualquer meio de transporte que haveremos de utilizar.

Com o vosso Preciosíssimo Sangue, lacramos os atos, as mentes e os corações de nossa Pátria, a fim de que Vossa paz e o Vosso Coração, ao fim, nela possam reinar.

Lava-me, Senhor, com Teu Sangue precioso, lava-me por inteiro: corpo, alma e espírito. Preciso ser purificado e renovado. Envolve-me com Teu Sangue. Que todo meu ser seja lavado no Teu precioso sangue: mente, coração, vontade e sentimentos. Que o Teu Sangue seja a minha defesa, minha fortaleza, minha segurança. Que nada de mal me aconteça, porque estou debaixo da proteção do Senhor. Sou um homem novo, restaurado no sangue de Cristo.

Nós vos agradecemos, Senhor, por vosso Preciosíssimo Sangue, pelo qual nós fomos salvos e preservados de todo mal. Amém.

Oração para quem já tentou contra sua vida (Pe. João Marcos Polak)

Deus de infinita misericórdia que não abandona nenhum de Teus amados filhos, perdão pelas vezes em que pensei em desistir de mim e até mesmo das pessoas que amo. Perdão por não confiar no Teu amor e na Tua misericórdia. Perdão pelas incredulidades, por não me deixar conduzir por Ti.

Minha vida Te pertence, sem Ti nada sou, porém pensei ou tentei tirar o bem maior, o dom da vida. Socorre-me, Senhor. Conforta-me, Deus, para que nunca mais pense em fazer bobagens. Que eu possa Te amar cada vez mais e viver uma vida abençoada, e mesmo que eu passe pelo vale da morte, não temerei, pois estás comigo.

Que o inimigo, pai do pecado e da morte, não tenha poder sobre mim. Renovo minha consagração a Ti, meu Deus. Renovo minha entrega e disposição em Te servir. Vem, Espírito Santo, e me dá um ânimo novo. Que eu viva com entusiasmo (seja cheio de Deus), e que a angústia, a depressão ou qualquer mal vão embora, em nome do Senhor Jesus Cristo e na poderosa intercessão da Virgem Maria, São Miguel Arcanjo e toda milícia celeste.

Obrigado, Jesus, pela paz que tanto busquei. O Senhor é a minha paz e o meu consolo. Glórias sejam dadas ao Senhor. Aleluia. Amém.

Oferecimento de si mesmo

(Missal Romano)

Recebei, Senhor, minha liberdade inteira. Recebei minha memória, minha inteligência e toda a minha vontade. Tudo o que tenho ou possuo, de Vós me veio; tudo Vos devolvo e entrego sem reserva, para que a Vossa vontade tudo governe. Dai-me somente Vosso amor e Vossa graça e nada mais Vos peço, pois já serei bastante rico.

Oração a N.S.J.C. Crucificado (Missal Romano)

Eis-me aqui, ó bom e dulcíssimo Jesus! De joelhos me prostro em Vossa presença e Vos suplico, com todo o fervor de minha alma, que Vos digneis gravar no meu coração os mais vivos sentimentos de fé, esperança e caridade, verdadeiro arrependimento de meus pecados e firme propósito de emenda, enquanto vou considerando, com vivo afeto e dor, as Vossas cinco chagas, tendo diante dos olhos aquilo que o profeta Davi já Vos fazia dizer, ó bom Jesus: transpassaram minhas mãos e meus pés, e contaram todos os meus ossos (Sl 21,17-18).

Oração de agradecimento (Pe. João Marcos Polak)

Senhor, obrigado por tanto amor derramado e demonstrado sobre mim. Te louvo e Te agradeço por acreditar, acolher e derramar uma unção de bênção sobre a minha vida. Tenho certeza de que não estou só. O Senhor está comigo, é meu amigo, meu advogado, meu protetor, meu auxiliador. Sou marcado por Ti, pela Tua graça, sou templo do Teu Espírito Santo. O Senhor derramou sobre mim os dons, para que eu reconheça que Tua presença é real em minha vida. Dá-me a graça de viver e acolher cada vez mais essa verdade, a graça de me deixar direcionar pelo Espírito Santo.

Eu preciso de Ti, Senhor, preciso da Tua graça, da Tua presença, do Teu poder! Preciso reconhecer que sozinho não consigo, mas que em Ti e Contigo tudo é possível. Contando com Tua graça, sou chamado a reconhecer que o Senhor este-

ve presente em toda a minha história, sempre olhou e cuidou de mim, sempre esteve ao meu lado, me tomou pela mão quando não conseguia caminhar, me ajudou a superar as quedas, as perdas, as tribulações. Agora reconheço que tudo que alcancei não foi somente pelas minhas forças humanas, pelo intelecto ou força de vontade. Foi o Senhor, foi a Tua mão poderosa que me guiou, sustentou e me colocou de pé novamente. Hoje eu reconheço que o Senhor é presença real em minha vida.

Eu porto a marca de Deus, o selo da bênção. Sou batizado, sou filho amado do Pai, filho querido e templo do Espírito Santo. Obrigado por me ajudar a reconhecer que sou único no Teu Coração, que o Senhor me olha como filho amado. Tenho um lugar no coração de Deus. Sou filho. Deus me ama. Obrigado, Senhor. Quero assumir a vida nova e esse tempo novo que começa hoje, agora, neste momento!

Eu creio, Senhor, mas aumenta a minha fé e meu território, aumenta minha sede, Senhor. Obrigado, porque minas de bênção foram e estão sendo derramadas. É um tempo que se encerra e outro que se inicia na Tua presença. Sela este momento, Senhor, com o Teu Espírito Santo. Vem, Espírito Santo, e faz novas todas as coisas. Amém!

Conclusão

A HISTÓRIA DE JABES NOS mostra que não importa o que você é ou o que seus pais decidiram sobre você. O que importa é o que você quer ser a partir de agora.

Jabes representa as pessoas anônimas que não são grandes profetas e famosos. Ele me representa e representa você. A única diferença é que ele não ficou parado. Teria todos os motivos, mas teve atitude para fazer a diferença.

A oração de Jabes ou a maneira que Ele invocou a Deus mudou minha vida e meu relacionamento com Deus. Mesmo já sabendo rezar e orar a Deus com as várias formas que a Igreja nos propõe, quando me deparei com esse texto bíblico, em um momento de provação na minha vida, percebi que Deus queria me conduzir para uma experiência transformadora que mudaria minha vida.

Não se deixe abater por nada. Não existe doença ou obra do maligno que poderá nos tirar da bênção, porque somos filhos de Deus, marcados por Ele e restaurados na cruz de Cristo. O que mais precisamos? Assumir a bênção e nunca deixar de clamar, pois Ele ouve uma oração profunda e verdadeira. Eis o sentido de uma oração que flui da alma.

Não tenho dúvidas de que se você chegou até aqui é porque confia e não se deixou abater pelas contrariedades. Parabéns por sua fidelidade. Seu prêmio o espera. Deus abençoe! Clame, busque e deixe Deus agir. Tudo pode ser mudado pela força da oração.